øjnefaldende Charmerende Blandet Farverig Glædelig Rosenrød
ser Empati Stilfuld Velskabt Vidunderlig Arkitektur Konstruktion Be
Rækkehus Traditionelt Skjulested Repræsentant Forsigtig Venlig Gæst
isestue Stueetagen Gulv Heaven Hav Sammen For mange Sted Hukom
sfære Plads Værelse Stue Hjem Tilflugt Smuk Iøjnefaldende Charmere
Tæt på naturen Naturligvis Følelse Med følelser Empati Stilfuld Velsk
Barndomsdrøm Lever drømmen Vildmark Rækkehus Traditionelt Skj
se Svømme Badeværelse Køkken Soveværelse Spisestue Stueetagen Gu
agetog Mødested Leve Hyggeligt Puristiske Atmosfære Plads Værelse S
Rosenrød På vand På land Miljøforkæmper Tæt på naturen Naturlig
ruktion Beboelsesejendom Hus Ønske drøm Barndomsdrøm Lever dr
enlig Gæstfri Atmosfærisk Sove Sidde Spise Svømme Badeværelse Køk
ed Hukommelse Kærlig Rasteplads Tilbagetog Mødested Leve Hyggeli
Charmerende Blandet Farverig Glædelig Rosenrød På vand På land
ld Velskabt Vidunderlig Arkitektur Konstruktion Beboelsesejendom
nelt Skjulested Repræsentant Forsigtig Venlig Gæstfri Atmosfærisk S
n Gulv Heaven Hav Sammen For mange Sted Hukommelse Kærlig Ras
lse Stue Hjem Tilflugt Smuk Iøjnefaldende Charmerende Blandet Fa
turligvis Følelse Med følelser Empati Stilfuld Velskabt Vidunderlig A
ver drømmen Vildmark Rækkehus Traditionelt Skjulested Repræsent
se Køkken Soveværelse Spisestue Stueetagen Gulv Heaven Hav Samm
Hyggeligt Puristiske Atmosfære Plads Værelse Stue Hjem Tilflugt Sm
På land Miljøforkæmper Tæt på naturen Naturligvis Følelse Med føl
endom Hus Ønske drøm Barndomsdrøm Lever drømmen Vildmark R
færisk Sove Sidde Spise Svømme Badeværelse Køkken Soveværelse Spi
rlig Rasteplads Tilbagetog Mødested Leve Hyggeligt Puristiske Atmos
et Farverig Glædelig Rosenrød På vand På land Miljøforkæmper Tæt
rlig Arkitektur Konstruktion Beboelsesejendom Hus Ønske drøm Bar
præsentant Forsigtig Venlig Gæstfri Atmosfærisk Sove Sidde Spise Sv
av Sammen For mange Sted Hukommelse Kærlig Rasteplads Tilbagete
ilflugt Smuk Iøjnefaldende Charmerende Blandet Farverig Glædelig
Med følelser Empati Stilfuld Velskabt Vidunderlig Arkitektur Konst
ldmark Rækkehus Traditionelt Skjulested Repræsentant Forsigtig Ve
ærelse Spisestue Stueetagen Gulv Heaven Hav Sammen For mange St
stiske Atmosfære Plads Værelse Stue Hjem Tilflugt Smuk Iøjnefaldend
rkæmper Tæt på naturen Naturligvis Følelse Med følelser Empati Stil
e drøm Barndomsdrøm Lever drømmen Vildmark Rækkehus Traditi
pise Svømme Badeværelse Køkken Soveværelse Spisestue Stueetagen
agetog Mødested Leve Hyggeligt Puristiske Atmosfære Plads Værelse
Rosenrød På vand På land Miljøforkæmper Tæt på naturen Naturli

D1701219

NORDIC *Living*

Marion Hellweg

Fotos von Gitte Stærbo

NORDIC
Living

Die Leichtigkeit
skandinavischen Wohnens

Wohnreportagen

Skovshoved 10	Buresø 88
Holte 24	Charlottenlund 102
Nicolai Plads 36	Gentofte 114
Østerbro 48	Seeland 126
Jægersborg 60	Rørvig 138
Hellerup 72	Skagen 148
Øster Lindet 80	

Inhalt

Produkte

Kissen 22

Wände 34

Polstermöbel 46

Lampen 58

Grautöne 70

Glas & Keramik 78

Böden 86

Küche 100

Sitzen 112

Garten 124

Natur 136

Ordnung 146

Beliebte Hersteller 158

Vorwort

Als ich noch ganz klein war, war ich hoffnungslos in den Butterfly Chair meines Onkels verknallt, der in seinem Ferienhaus vor dem offenen Kamin stand. Er war unglaublich bequem und wenn ich auf ihm saß, kam es mir so vor, als würde ich umarmt werden. Man konnte sich auf seiner ledernen Sitzfläche herrlich ausbreiten und von der Rückenlehne konnte man Spielzeugautos hinuntersausen lassen. Wie sehr ich meine Eltern auch anbettelte, selbst einen B.K.F. Loungesessel für mein Kinderzimmer zu bekommen, sie blieben stur. Es sei zu wenig Platz dafür, sagten sie. Und ich schwor mir, wenn ich einmal erwachsen wäre, meinen Traum selbst zu erfüllen. Mag sein, dass damals meine Begeisterung für Sessel und Stühle ihren Ursprung fand, vor allem für skandinavische. Denn eines können die Nordlichter wirklich: bequeme Sitzmöbel designen! Schon immer stand bei ihren Entwürfen Ergonomie und Bequemlichkeit, nicht Form und Farbe im Vordergrund. Auch bei anderen Einrichtungsgegenständen sowie in der Architektur liegt ihr Fokus ganz klar auf der Funktionalität und dem Umgang mit natürlichen Materialien, darunter vor allem Holz. Vielleicht ist dies ja auch der Grund, warum nordische Refugien immer so behaglich wirken, selbst wenn sie ganz minimalistisch eingerichtet sind. Denn wir Menschen fühlen uns in unserem wohnlichen Umfeld eben immer dann am wohlsten, wenn es nicht gezwungen und gekünstelt wirkt. Heute bin ich mehr denn je ein Fan von dänischem Interieur und finde den Trend toll, der sich immer mehr ausbreitet: Nordic Living! So ist es mir ein großes Anliegen, Ihnen das Thema mit diesem vielseitigen Bildband persönlich näherzubringen und sie für die dänische Lebenskultur zu begeistern. Viel Freude beim Durchblättern, Inspirieren und sich in andere Wohnwelten Hineinträumen wünscht

Marion Hellweg

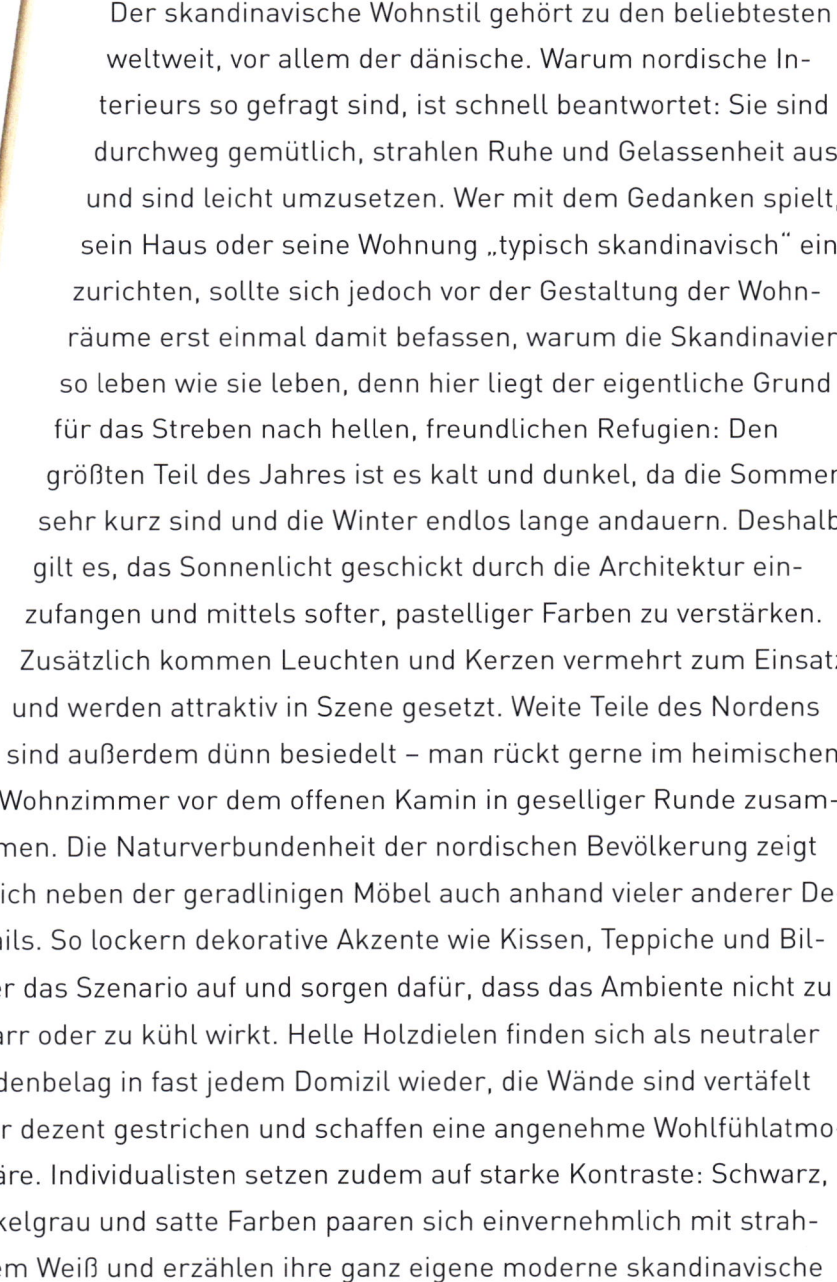

Intro

Der skandinavische Wohnstil gehört zu den beliebtesten weltweit, vor allem der dänische. Warum nordische Interieurs so gefragt sind, ist schnell beantwortet: Sie sind durchweg gemütlich, strahlen Ruhe und Gelassenheit aus und sind leicht umzusetzen. Wer mit dem Gedanken spielt, sein Haus oder seine Wohnung „typisch skandinavisch" einzurichten, sollte sich jedoch vor der Gestaltung der Wohnräume erst einmal damit befassen, warum die Skandinavier so leben wie sie leben, denn hier liegt der eigentliche Grund für das Streben nach hellen, freundlichen Refugien: Den größten Teil des Jahres ist es kalt und dunkel, da die Sommer sehr kurz sind und die Winter endlos lange andauern. Deshalb gilt es, das Sonnenlicht geschickt durch die Architektur einzufangen und mittels softer, pastelliger Farben zu verstärken. Zusätzlich kommen Leuchten und Kerzen vermehrt zum Einsatz und werden attraktiv in Szene gesetzt. Weite Teile des Nordens sind außerdem dünn besiedelt – man rückt gerne im heimischen Wohnzimmer vor dem offenen Kamin in geselliger Runde zusammen. Die Naturverbundenheit der nordischen Bevölkerung zeigt sich neben der geradlinigen Möbel auch anhand vieler anderer Details. So lockern dekorative Akzente wie Kissen, Teppiche und Bilder das Szenario auf und sorgen dafür, dass das Ambiente nicht zu starr oder zu kühl wirkt. Helle Holzdielen finden sich als neutraler Bodenbelag in fast jedem Domizil wieder, die Wände sind vertäfelt oder dezent gestrichen und schaffen eine angenehme Wohlfühlatmosphäre. Individualisten setzen zudem auf starke Kontraste: Schwarz, Dunkelgrau und satte Farben paaren sich einvernehmlich mit strahlendem Weiß und erzählen ihre ganz eigene moderne skandinavische Homestory, die ihre traditionellen Wurzeln aber stets im Blick behält.

Skovshoved
Zeitreise ins neue Jahrtausend

Im Fischerort Skovshoved scheint die Zeit stehen geblieben zu sein. Denn ein Großteil der dort angesiedelten, weiß getünchten Holzhäuser stammt noch aus dem 19. Jahrhundert. Charlotte und Martin schätzen sich glücklich, mit ihren Kindern Carlo, Anthon und Olga ein restauriertes Schmuckstück aus dem Jahr 1898 ihr Eigen nennen zu können. Von außen traditionell anmutend, versetzte die Familie das Innere mit viel Feingefühl in die Neuzeit. Die einhundert Jahre alten Holzböden und Vertäfelungen wurden aufwendig saniert, Wände behutsam geöffnet, Räume erweitert und knarrende Türen durch neue ersetzt. Moderne Designermöbel gehen mit originellen Flohmarktfundstücken eine harmonische Liaison ein und bilden so eine wohnliche Brücke zwischen Vergangenheit und Gegenwart. Besonders bezaubernd ist der nostalgische Wintergarten mit Flügeltür, der das Refugium das ganze Jahr über zum Garten hin öffnet.

NORDIC *LIVING*

Der hellgelbe Eames Plastic Side Chair von Vitra am grau verwitterten Schreibtisch hat dank eines Schaffells einen genauso hohen Kuschelfaktor wie das einladende Daybed im Arbeitszimmer. „Immer, wenn ich einen tollen Stoff sehe, kaufe ich ihn und nähe schöne Kissen daraus", erzählt Charlotte.

Sechs weiße Tolix Sitzmöbel umringen den langen Klapptisch. Die französischen Stahlblechstühle aus den frühen 1930er-Jahren etablierten sich anlässlich der Weltausstellung in Paris 1937 als allseits beliebtes Stadtmöbel. Auf den originalen Schwedenofen im Esszimmer ist Charlotte besonders stolz. „Wir haben ihn von einem Fachmann restaurieren lassen und nun spendet er wieder wohlige Wärme an kalten Tagen."

Stilvolles Generationentreffen

Welche Bücher Charlotte zur Zeit gerne liest? „Ich bin ein großer Krimifan, vor allem von skandinavischen Autoren wie Ake Edwardson und Liza Marklund..."

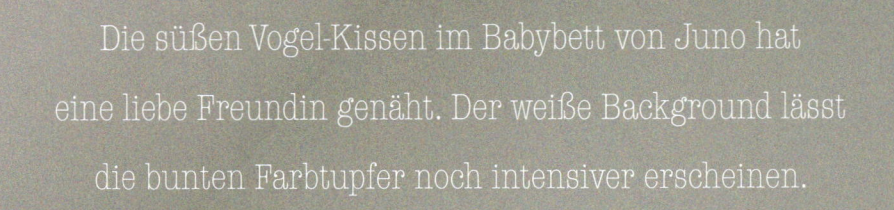

Die süßen Vogel-Kissen im Babybett von Juno hat eine liebe Freundin genäht. Der weiße Background lässt die bunten Farbtupfer noch intensiver erscheinen.

Zarte Daunen

Die Kinderzimmer sind hell und luftig gestaltet. „Neutrale Jugendmöbel machen alles mit und begleiten einen ein Leben lang", so Charlotte.

Ruhezone

Im Bad und Elternschlafzimmer setzt Charlotte mit Mauve und anderen soften Lilatönen ruhige Akzente. „Ich liebe diese Farben, sie sind so herrlich unaufgeregt und drängen sich nicht in den Vordergrund." Die Mini-Holzhocker vor den Waschtischen fand sie auf einem Trödelmarkt. Die frei stehende Wanne im Nostalgie-Stil kann dank einer clever angebrachten runden Vorhangstange auch zum Duschen genutzt werden.

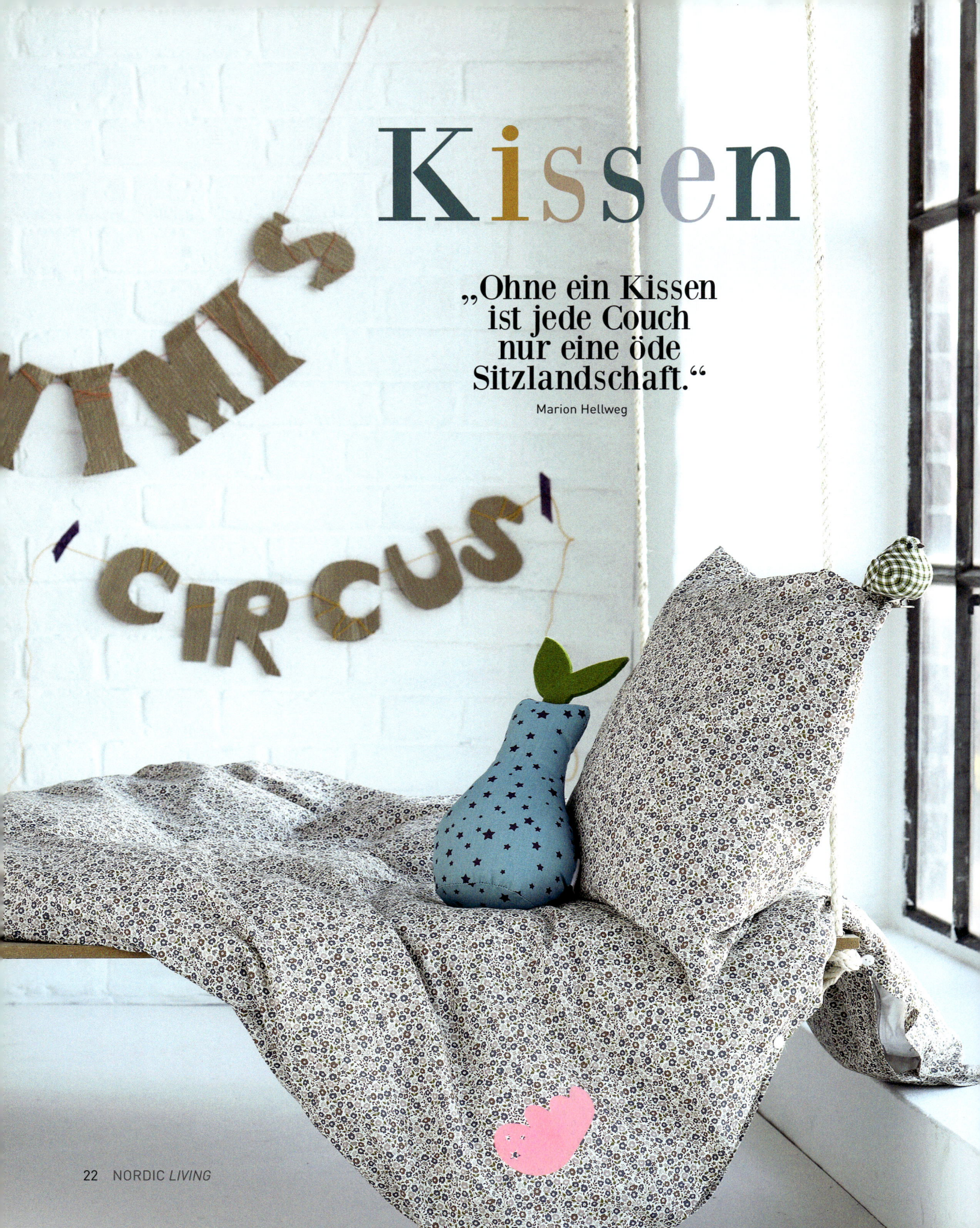

Kissen

„Ohne ein Kissen ist jede Couch nur eine öde Sitzlandschaft."

Marion Hellweg

Holte
Wohnen mit asiatischen Einflüssen

Als Hanne und Henrik vor über zwanzig Jahren ihr Reihenhaus in Holte kauften, wussten sie, dass ihnen viel Arbeit bevorstand. „Das Gebäude samt Innenleben war in schlechtem Zustand, doch wir erkannten das Potenzial sofort und nahmen die Renovierung selbst in die Hand", erzählt Hanne rückblickend. Heute erinnert nichts mehr an die dunklen Zimmer. Alles ist hell und weitläufig gestaltet. Die vielen asiatischen Einflüsse sind Henrik zu verdanken, der sich beruflich oft in Asien aufhält und immer wohnliche Souvenirs mitbringt.

Schischi & Schmöker

Viele der Regale, die eigens für dieses Zuhause entworfen wurden, haben extra tiefe Abstellflächen. „Ich mag es, vor den Büchern noch andere Dinge, die mir am Herzen liegen, zu platzieren", gesteht Hanne. Im schmalen Wohnflur finden ebenfalls Kitsch, Kunst und Kultur zusammen.

Geniestreiche

Die Holmegaard Two-Way Pendel 14 von Halskov und Dalsgaard hängt über dem Esstisch aus Douglasie von Dinesen. „Die Liebe zu hochwertigem Design wird uns Dänen in die Wiege gelegt. Egal, wo man hinsieht, sind die privaten Häuser, Büros und öffentlichen Gebäude voll davon", lacht Hanne. „Dass Jacobsen oder Wegner nicht auch noch dänische Kulturminister waren, ist mir ein Rätsel…"

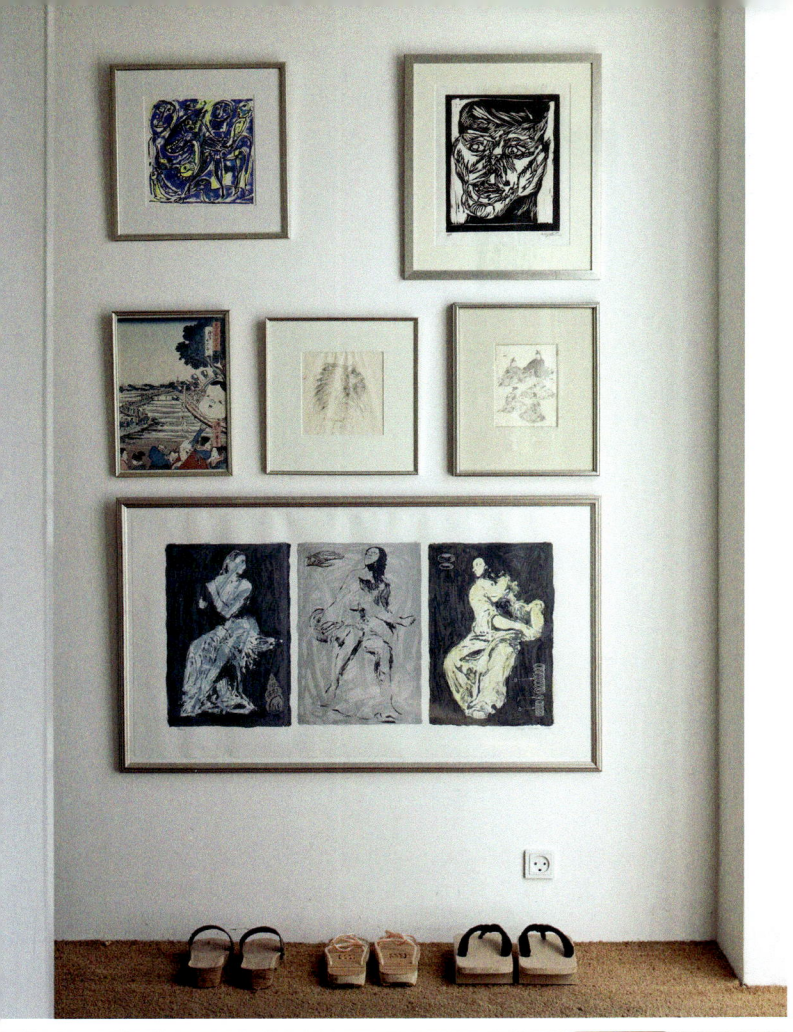

Bast, Sisal und Bambus harmonieren mit den hellen Holzarten, die im Refugium verbaut wurden. Abstrakte Objekte wie der Stahlkorb von Stelton bilden dazu einen markanten Kontrapunkt. „Ich mag den intensiven Dialog unterschiedlicher Materialien", sagt Hanne. „Mich interessiert kein Schwarz oder Weiß. Viel spannender finde ich die feinen Schattierungen dazwischen."

Wände

„Nichts ist langweiliger, als eine Wand ohne Farbe, ohne Bilder, ohne Leben."
Marion Hellweg

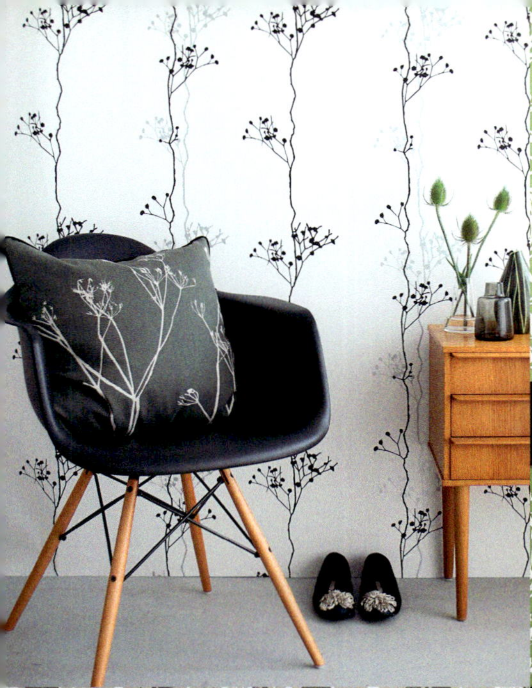
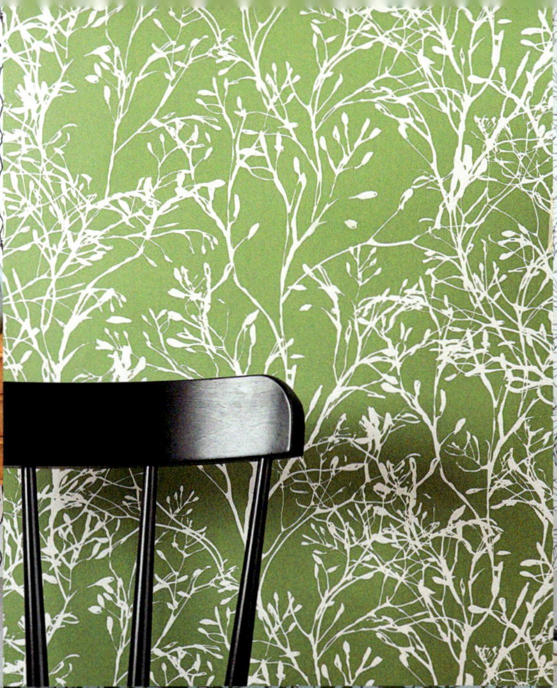
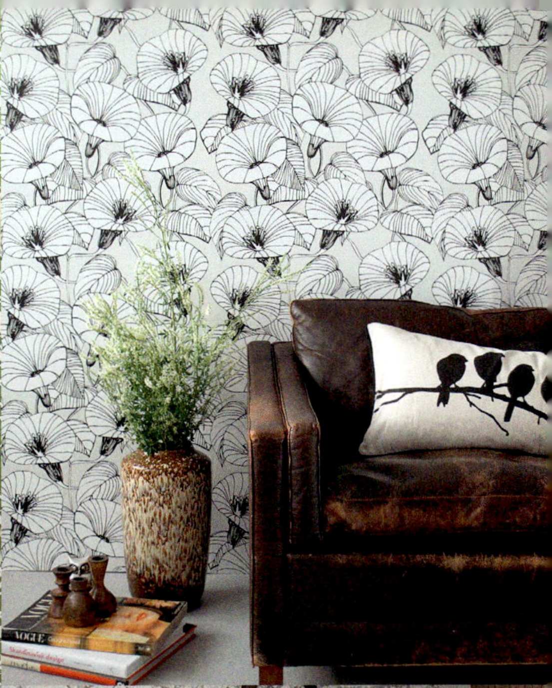
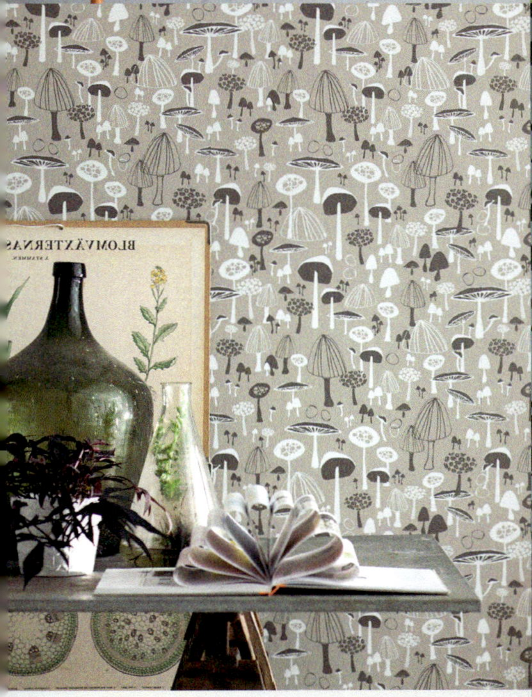
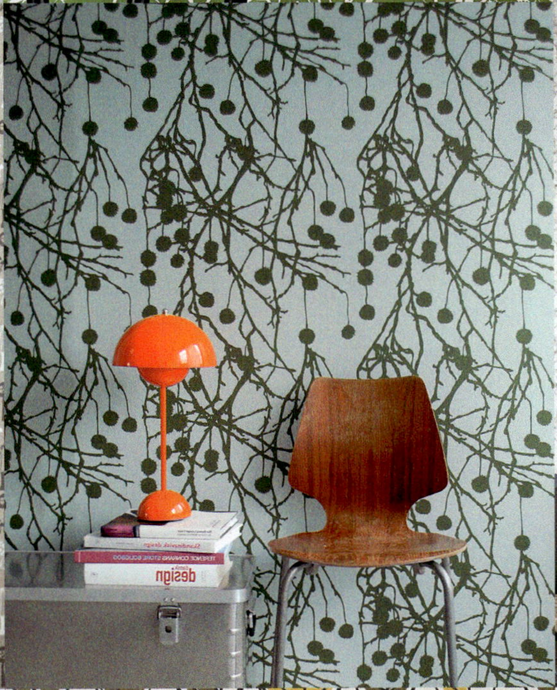
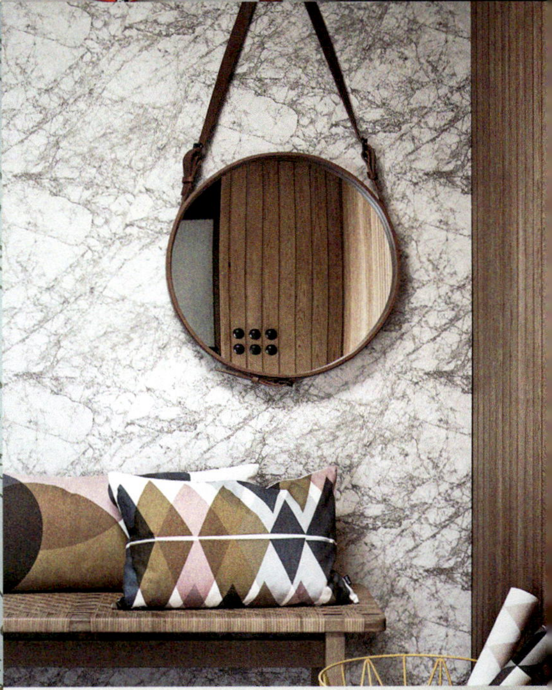
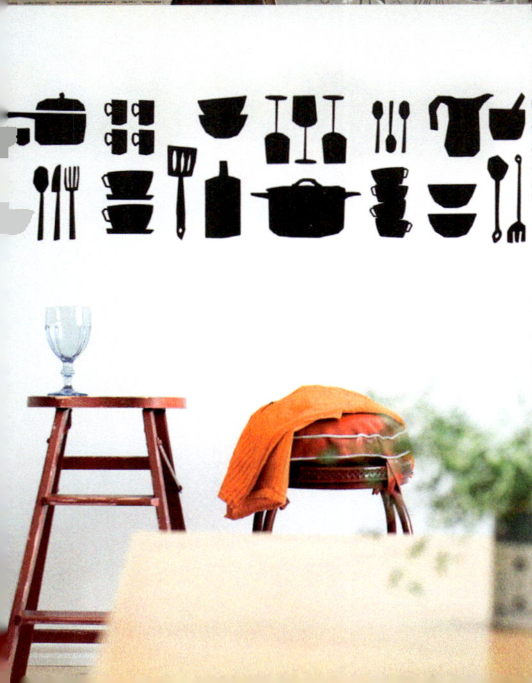
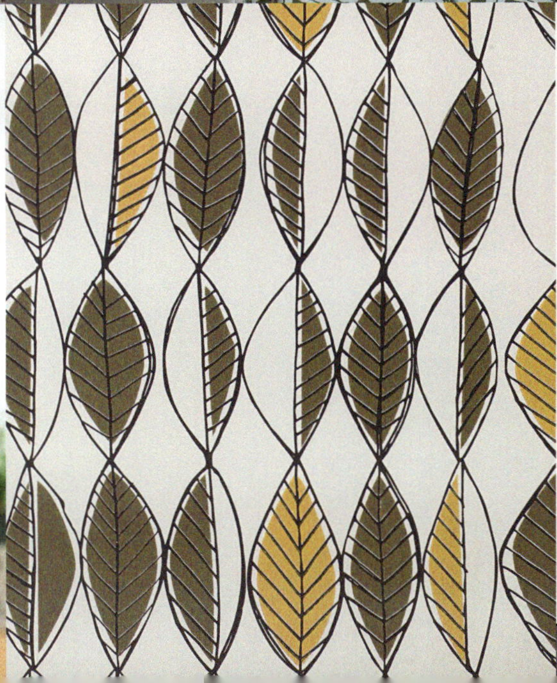
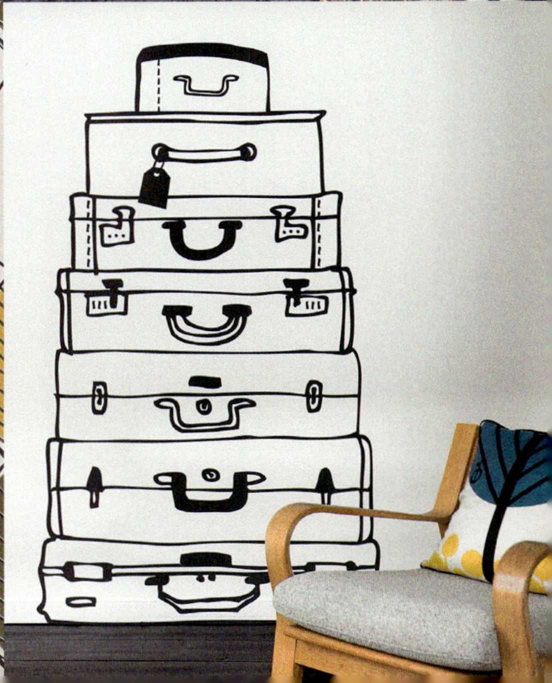

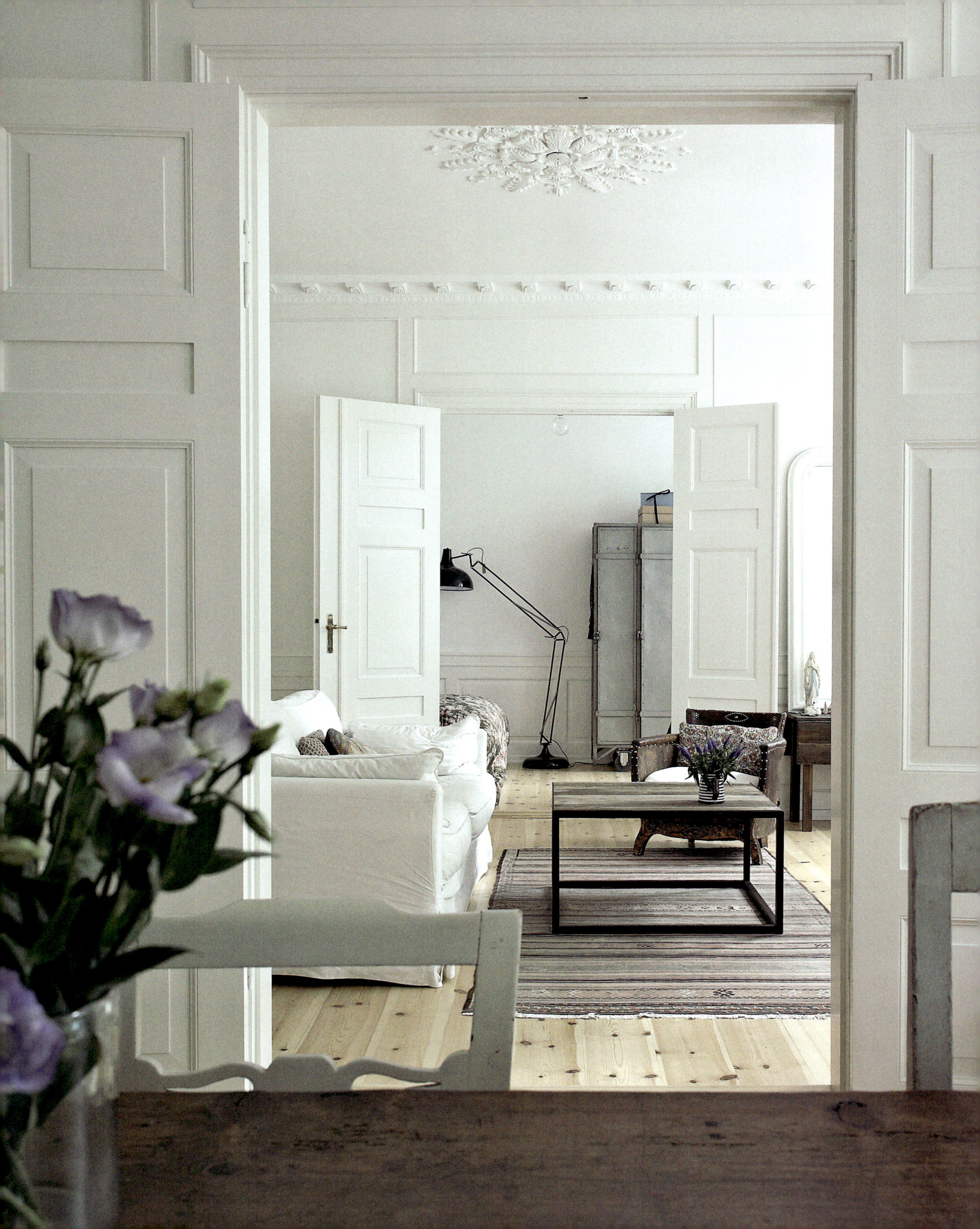

Nikolai Plads

Urbaner Rückzugsort

Emilie lebt mit ihrem Mann Sean und den Töchtern Emma und Ida Marie im Herzen von Kopenhagen direkt am belebten Nicolai Plads. „Es ist einfach wunderbar, aus der Wohnung zu gehen und mitten im Trubel zu sein. Man trifft immer nette Leute im Straßencafé und kann lange Spaziergänge am Kanal machen", schwärmt Emilie. Für sie und ihre Familie ist die 180 Quadratmeter große Stadtwohnung ein ganz besonderer Rückzugsort. „Durch die enorme Größe und die sehr hohen Decken hat man das Gefühl, frei und losgelöst zu sein. Die Stadt mit ihrem lebendigen, bunten Wesen bleibt vor der Tür. Hier drinnen herrscht Ruhe und Klarheit." Und Letzteres braucht die Psychotherapeutin, um sich entweder auf ihre Arbeit zu konzentrieren oder Abstand vom Alltag bekommen zu können. „Ich liebe es, früh morgens mit einer Tasse Chai Tee in der Küche zu sitzen, aus dem Fenster zu sehen und meinen Blick hinüber zu der alten Kirche und den Bäumen schweifen zu lassen. Ich nenne es die Ruhe vor dem Sturm", sagt Emilie. Auch der Rest der Familie genießt die Großzügigkeit des Altbaus, in dem jeder sein eigenes Zimmer hat.

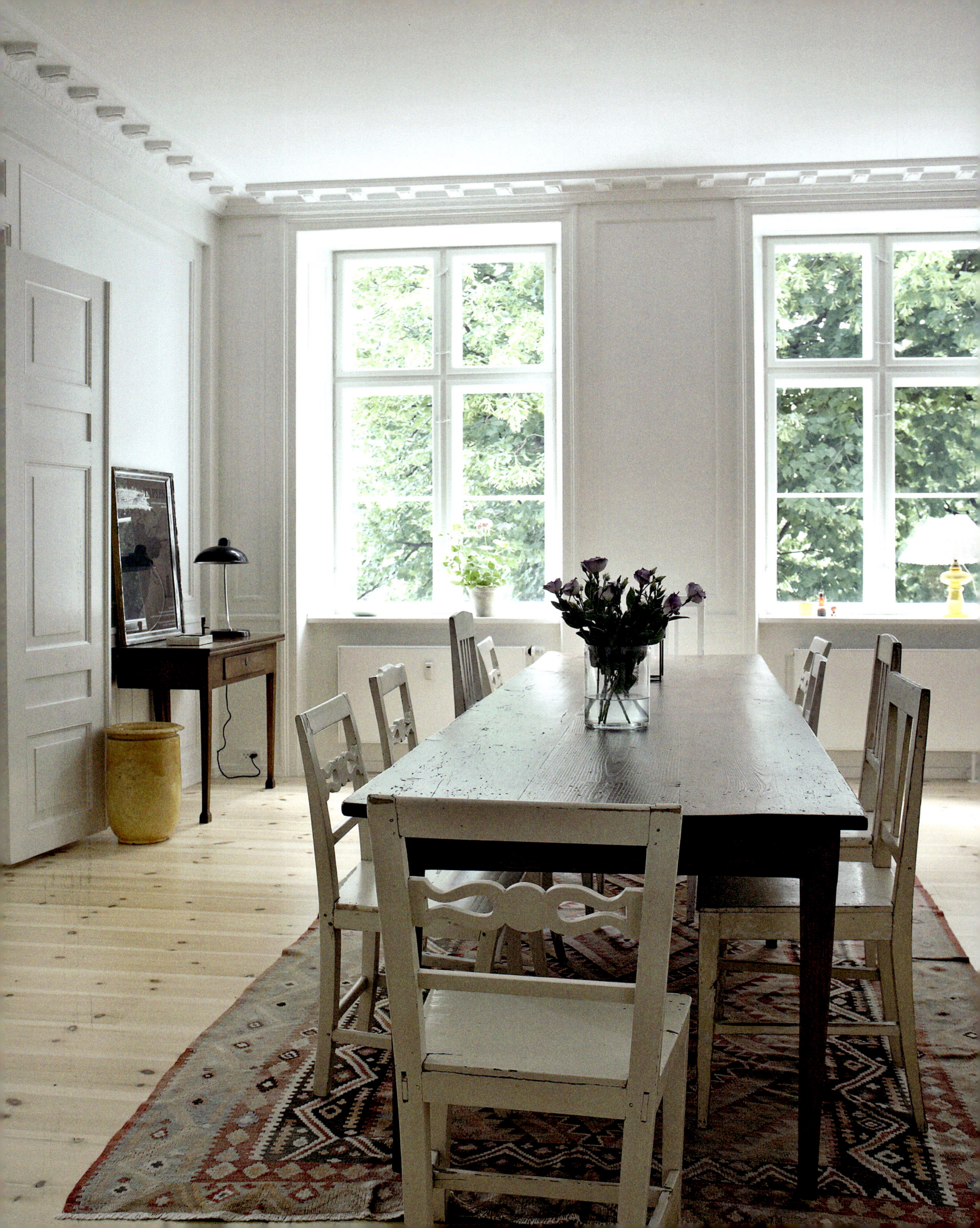

Frauenpower mit Charme

In Sachen Interieur und Dekoration haben die Damen das Sagen. „Sean hält sich in Einrichtungsfragen lieber etwas zurück – er weiß, dass er gegen uns drei keine Chance hat!", lacht Emilie. „Außerdem gefällt ihm, wie wir wohnen, da unser Stil nicht feminin und verspielt ist."

Die Tischleuchte von House Doctor ist eine der Lieblinge unter Emilies Lampensammlung. „Sie macht ein wunderbar warmes Licht."

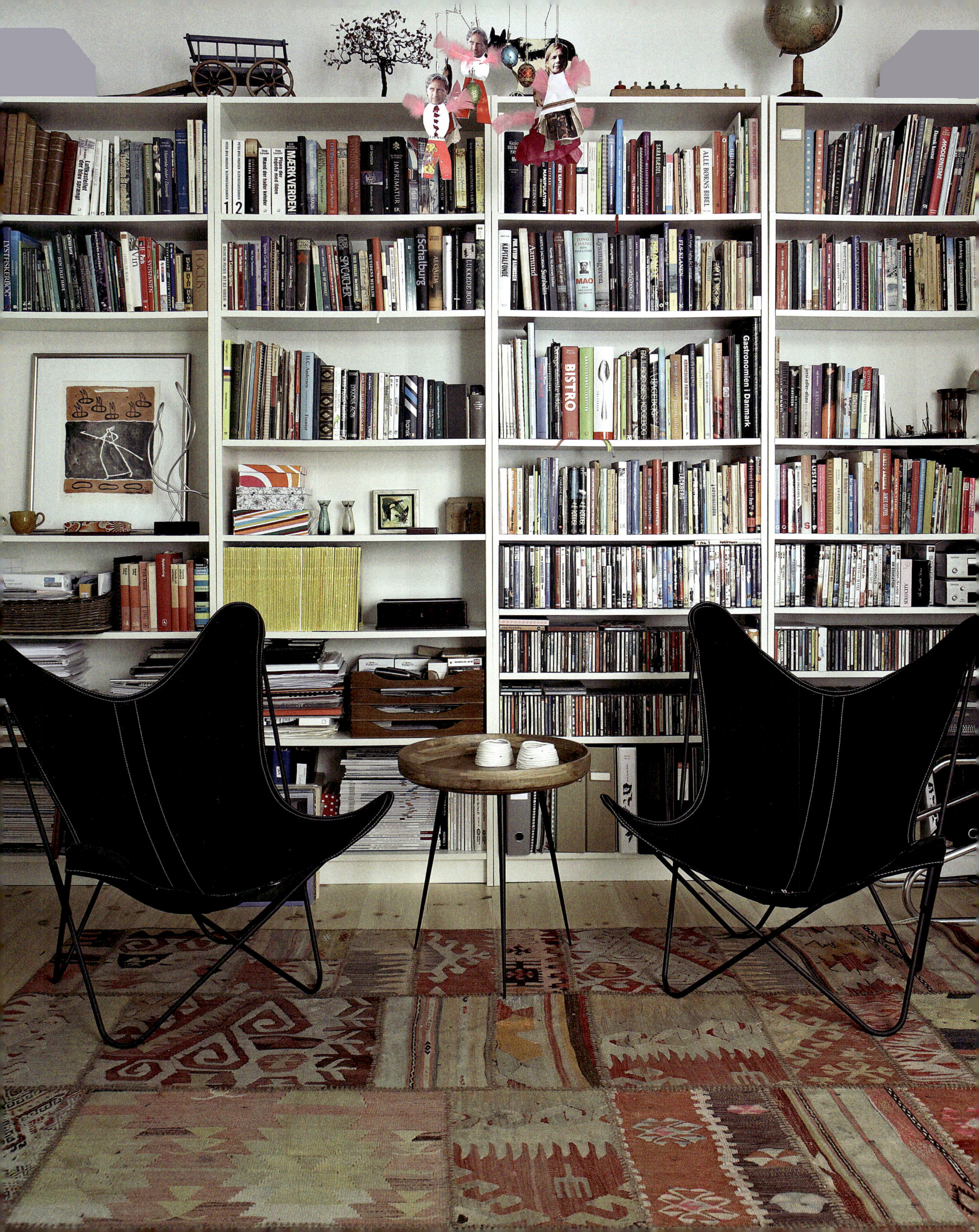

Welchen Einrichtungstipp Emilie hat? „Es sollten immer frische Blumen in einem Zuhause stehen. Sie machen es erst lebendig…"

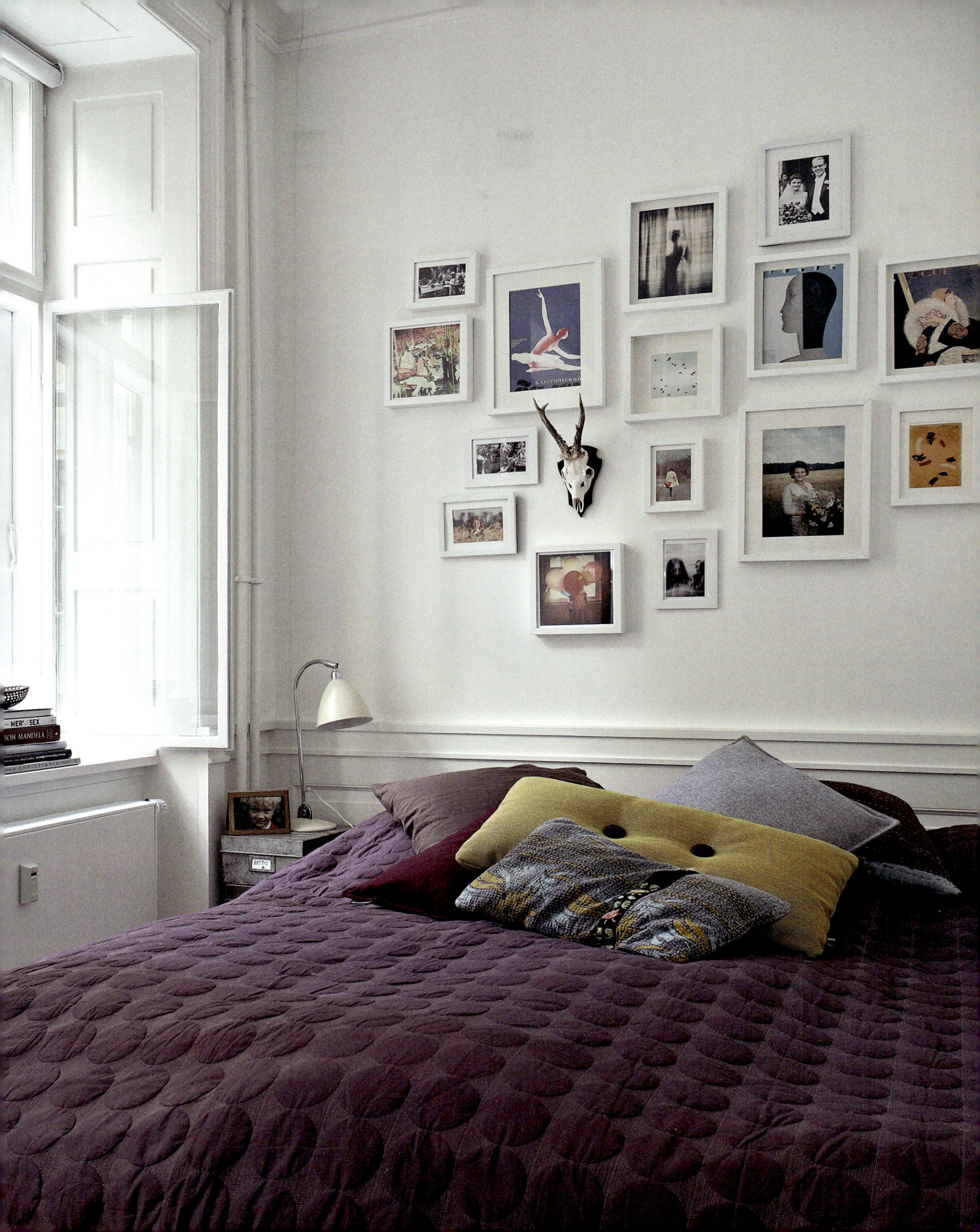
SON MANDELA

Alte Dinge mit Seele erzählen spannende Lebensgeschichten

Nur in den beiden Zimmern der Mädchen hängen Bilder an den Wänden, ansonsten stehen sie ganz unkonventionell auf dem Boden oder auf Tischen und Kommoden.

NORDIC *LIVING*

Polstermöbel

„Der einfachste, schlichteste Look ist mit Abstand am schwersten zu erreichen."

Morten Georgsen

NORDIC *LIVING* 47

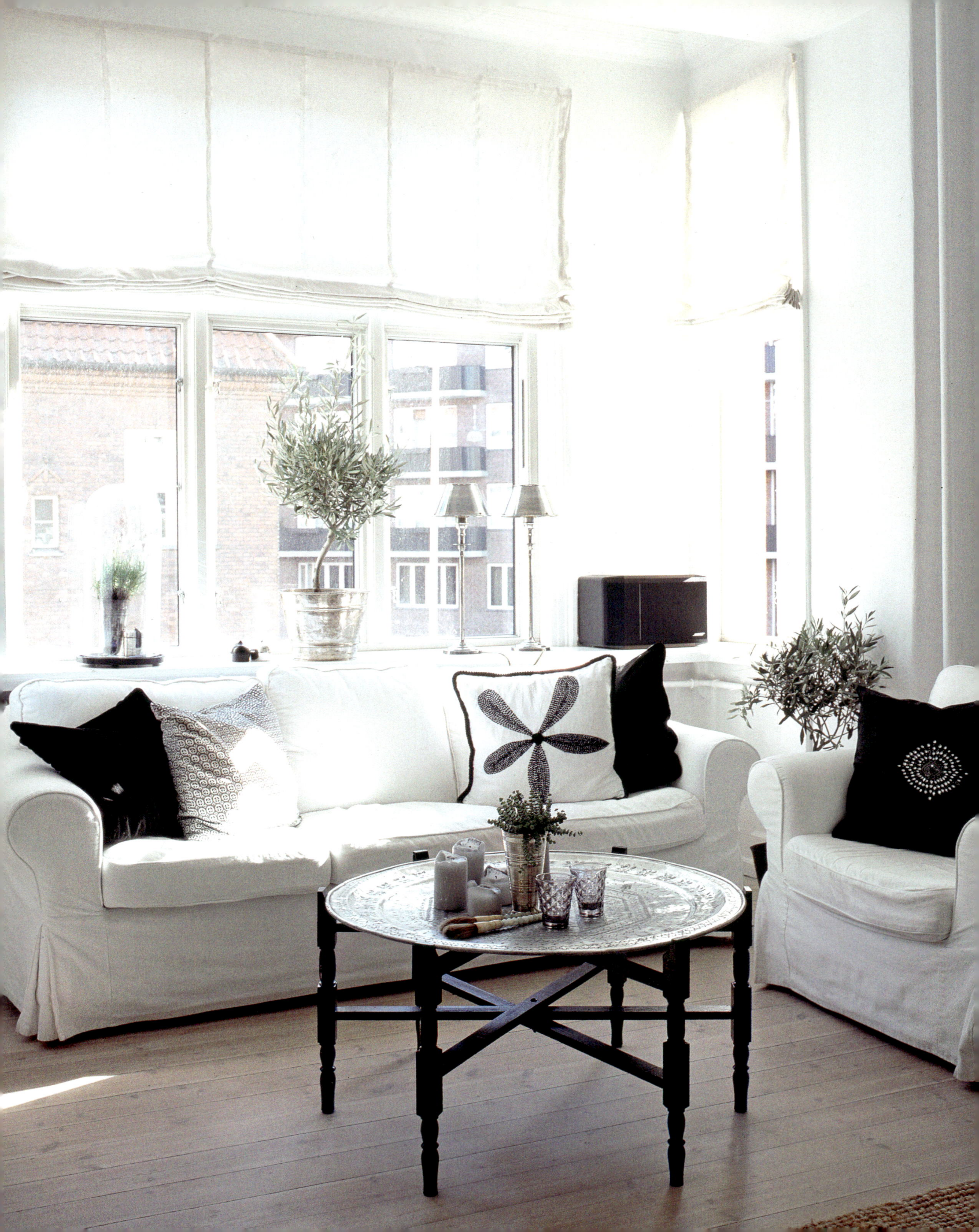

Østerbro
Lichtes Refugium ohne Allüren

Manchen Domizilen sieht man sofort an, dass darin Menschen wohnen, die ein absolutes Faible für stilvolles Wohnen haben. Auch Susannes Altbauwohnung im Kopenhagener Stadtteil Østerbro gehört dazu. Die Dänin arbeitet als Innendekorateurin und Stylistin für ein beliebtes Einrichtungs- und Dekorationsgeschäft. „Wohnen und Mode sind für mich mehr als eine reine Stilfrage", sagt Susanne aus Überzeugung. „Ich bin tagtäglich auf der Suche nach neuen Trends und versuche, die Ideen, denen ich begegne, mit meinen eigenen zu kombinieren. So entstehen aufregende Mixturen, die meine Welt erst so spannend machen." Trends hängen ihrer Meinung nach von vielen Faktoren ab: Interior Design, Fashion, Politik, Musik und Technologie. „Man muss das Potenzial der Dinge erkennen, lange bevor es jemand anderer bemerkt. Nur so kann man mit neuen Inspirationen ein echtes Ausrufezeichen setzen!"

Ein maßgefertigtes Regalsystem flankiert die breite Flügeltür und verleiht den Wänden ein munteres Eigenleben. „Ich bin ein großer Fan von clever gelösten Stauräumen, die entweder gar nicht zu sehen sind oder sich dezent ins Raumszenario einfügen", sagt Susanne. Den kostbaren Kronleuchter im Wohnzimmer kaufte sie in Südfrankreich bei einem Brocante Händler.

Edler Rahmen für viel Privatsphäre

Welche Farben Susanne besonders mag? „Ich liebe das Kontrastspiel von Schwarz und Weiß mit einigen dezenten Farbtupfern wie Lila…"

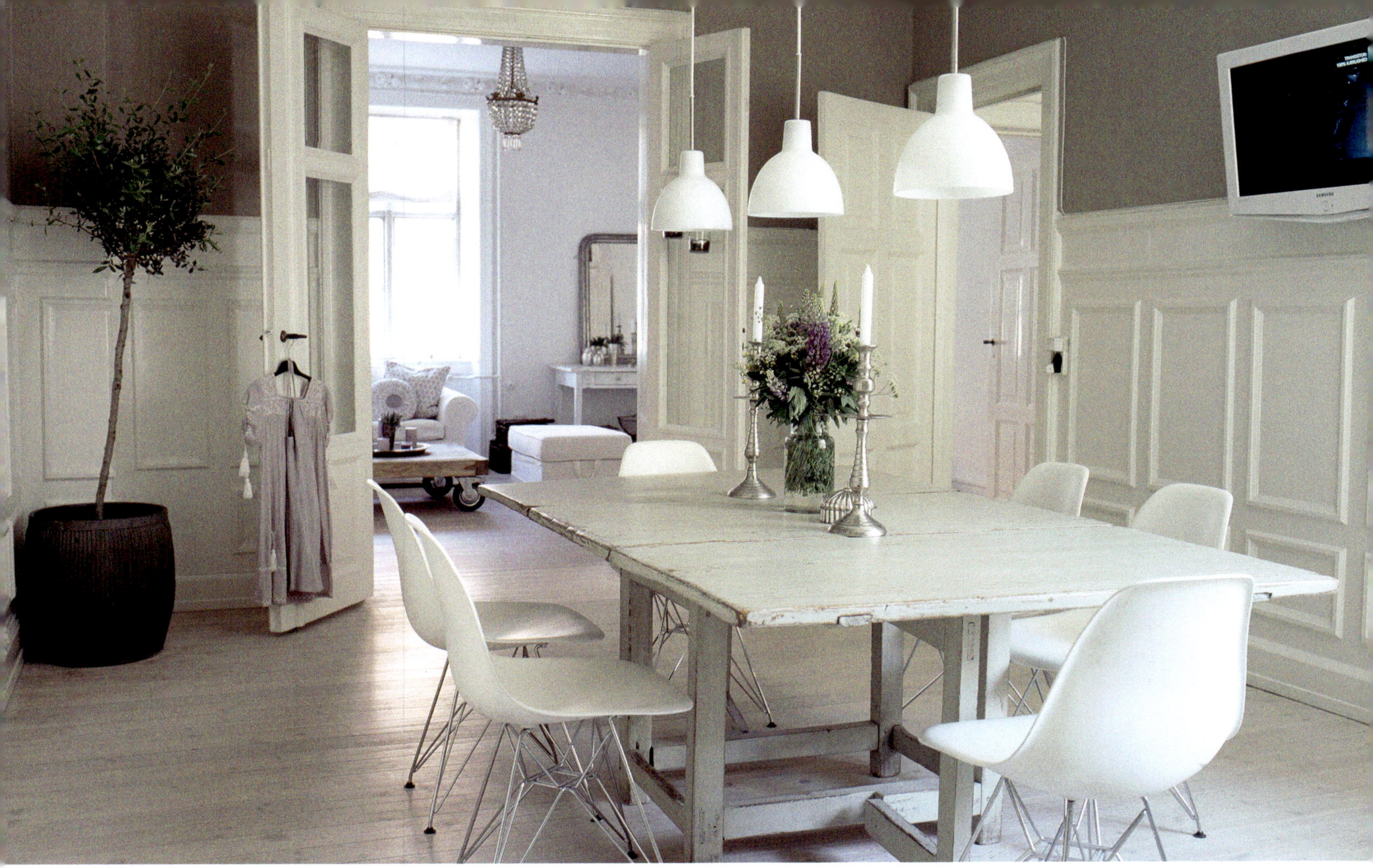

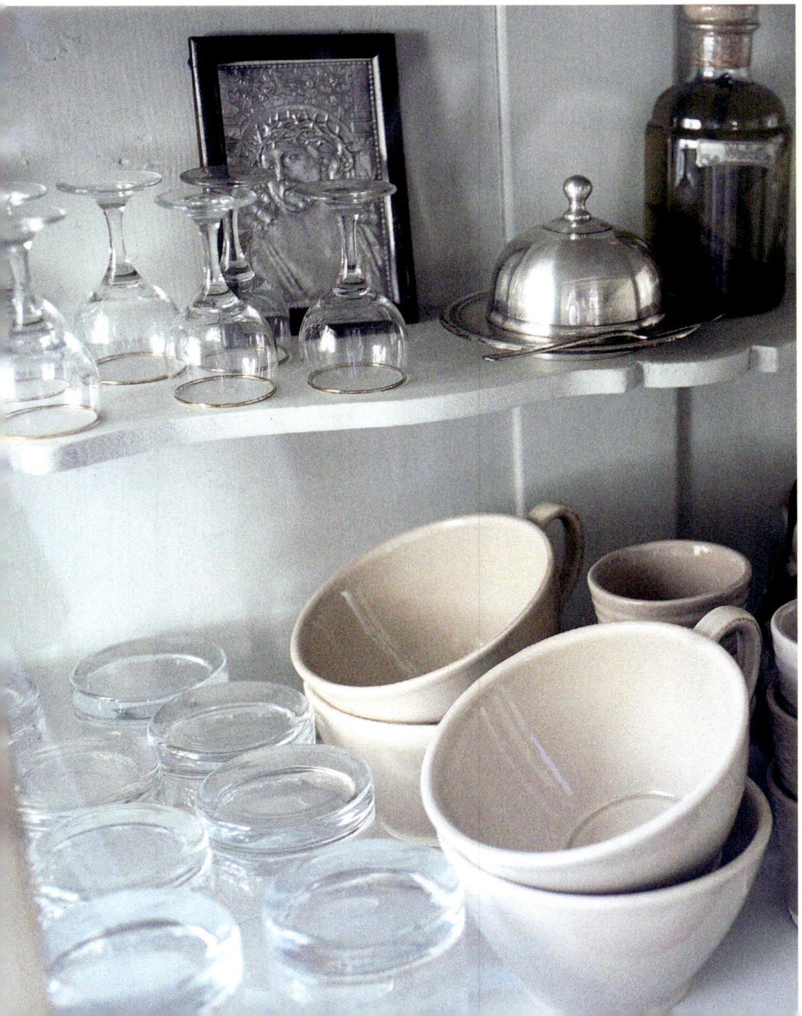

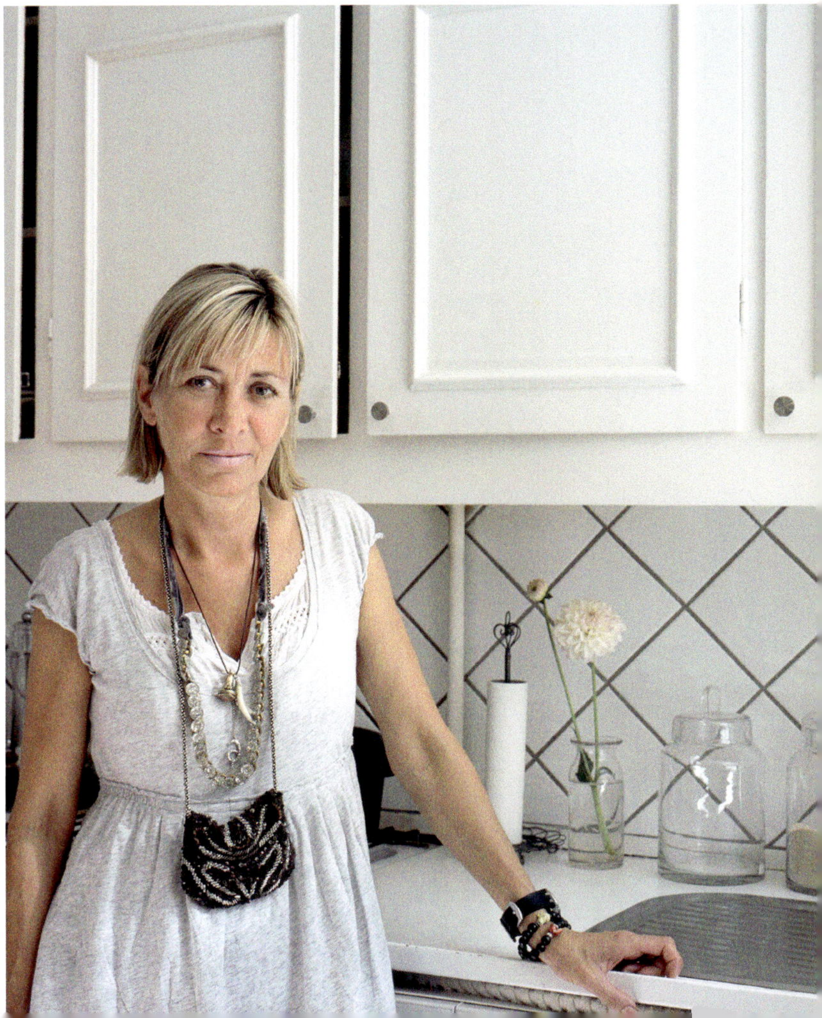

Shhhhh!!

"Ich liebe Produkte von Tine K., sie haben alle wunderschön gearbeitete Details, die sie so individuell machen", erzählt Susanne. Ihr elegantes Interieur kombiniert die Dänin gerne mit Silber und hellen Grautönen. "In meinem Beruf als Stylistin bin ich die letzten 25 Jahre viel herumgekommen. Die Welt ist irrsinnig bunt. Zuhause brauchen all meine Sinne viel Ruhe."

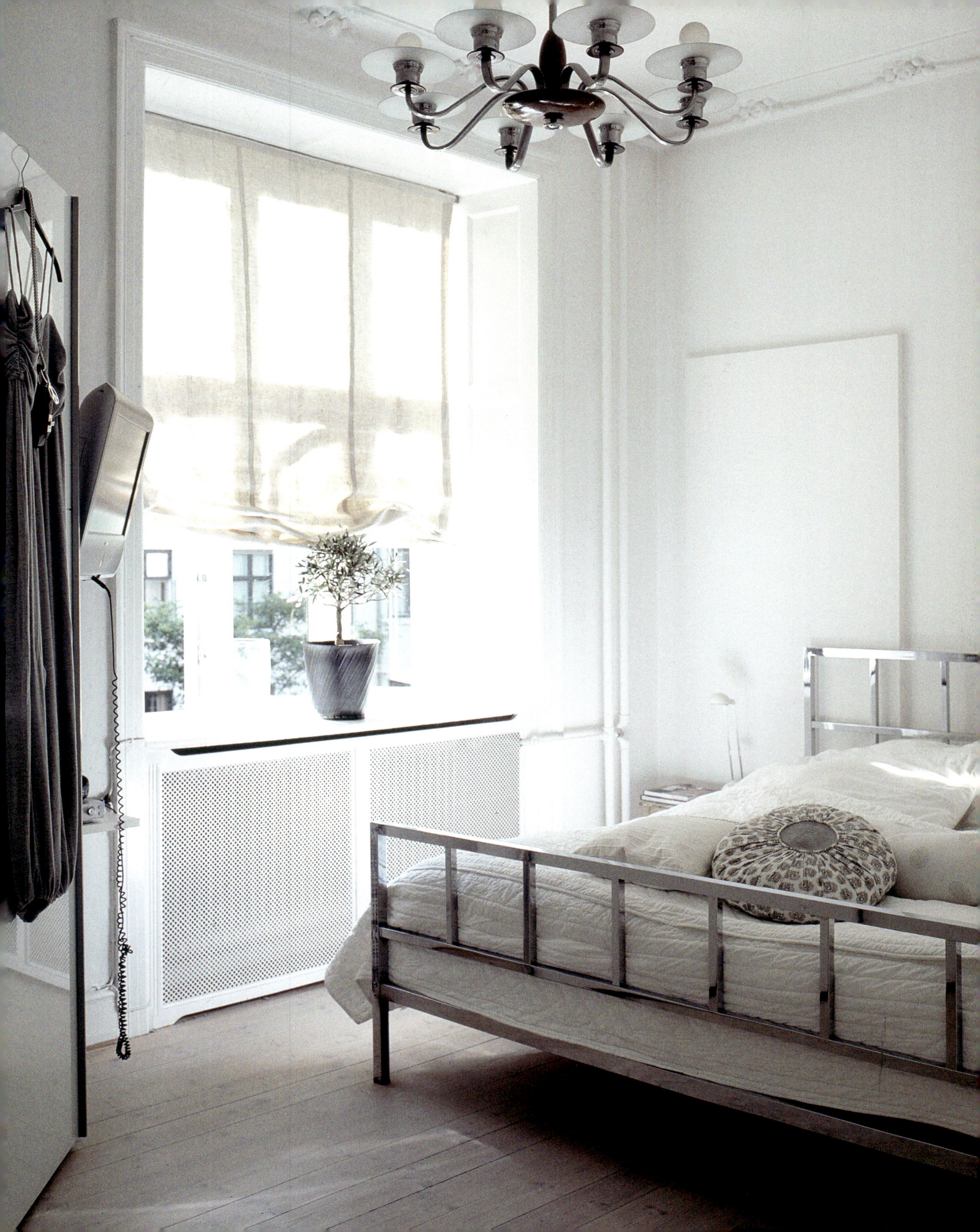

56 NORDIC *LIVING*

Kleine Oase

Das schmale Badezimmer wurde vor dem Einzug komplett erneuert, sogar eine freistehende Badewanne fand einen schönen Platz. Die glänzenden Fliesen wurden in dekorativer Backstein-Optik angebracht. „Zurzeit habe ich ein totales Faible für japanische Accessoires, die wegen ihrer Klarheit perfekt mit meiner eher reduzierten Einrichtung harmonieren", sagt Susanne.

Lampen

„Künstliches Licht muss weich und angenehm sein."
Ole Jensen

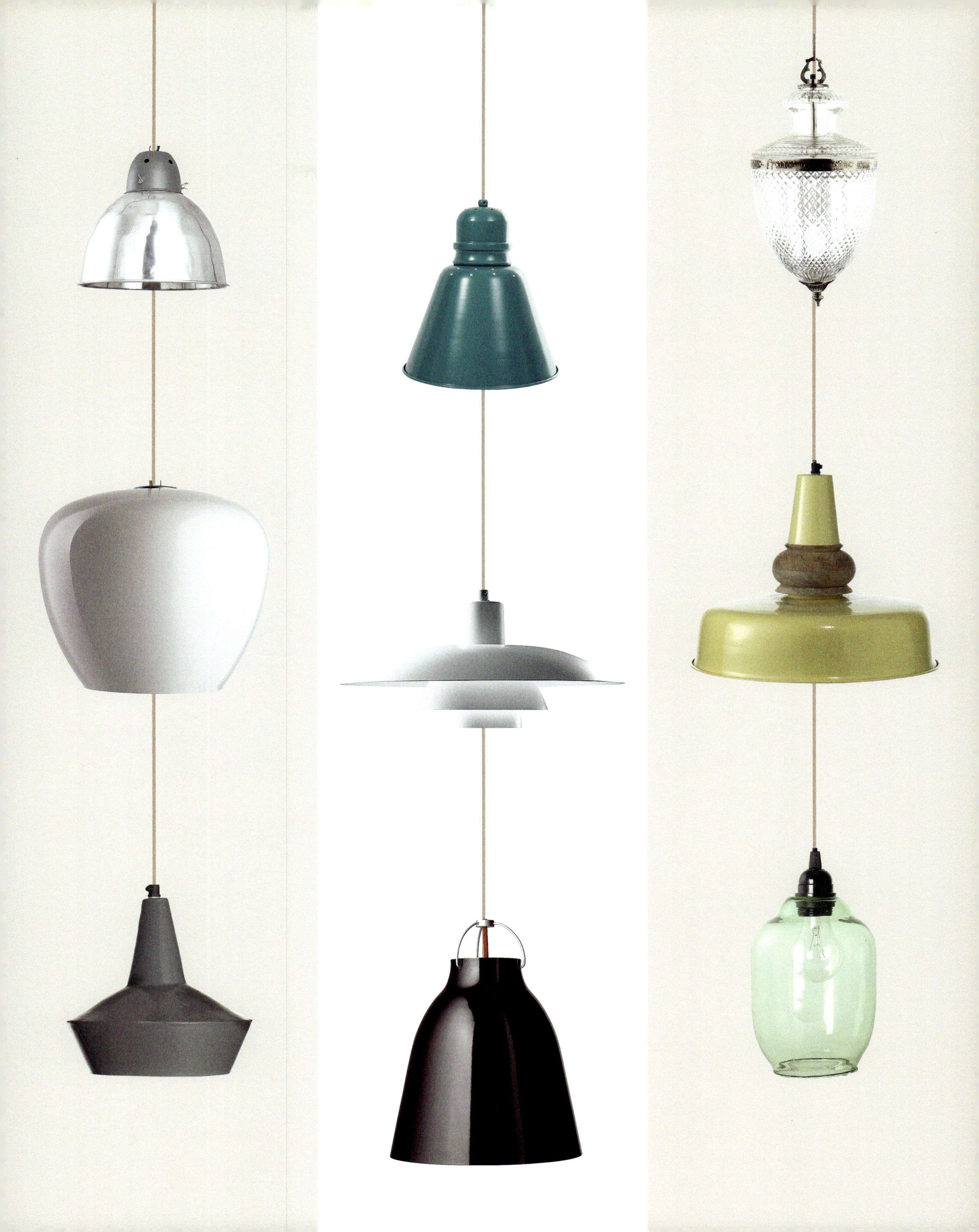

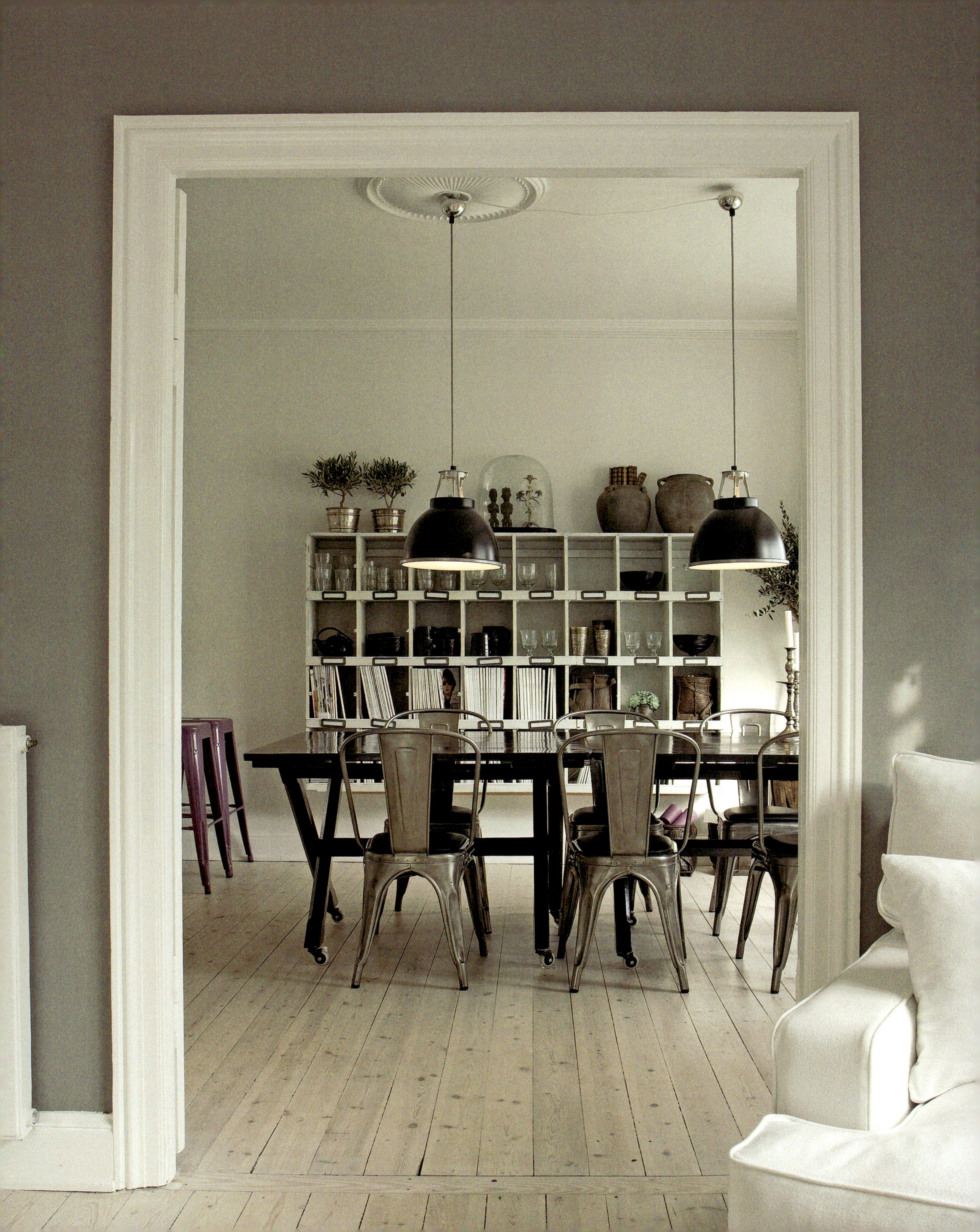

Jægersborg
Viel Raum für familiäres Leben

Elisabeth und Lars hatten Glück, als sie die alte zweistöckige Villa in Jægersborg kauften, denn die Vorbesitzer hatten bereits ganze Arbeit geleistet. „Sie hatten alles wunderschön renoviert und viele der Räume erweitert. Wir mussten vor unserem Einzug wirklich nur die Wände streichen und den ein oder anderen Boden neu abschleifen", freut sich die Hausherrin noch heute. Dass das Gebäude außerdem aus solidem Backstein besteht, war ein zusätzlicher Kaufanreiz gewesen. „In Dänemark gibt es unglaublich viele Holzhäuser, aber wir wollten ein Zuhause mit massiven Mauern", sagt Elisabeth. „Sie geben mir das Gefühl, wirklich geborgen und beschützt zu sein." Auch, dass das Domizil komplett unterkellert ist, ist für die südliche Region nicht selbstverständlich, da sie so nahe am Øresund liegt.

Warum Elisabeth den Spiegel im Wohnzimmer so schön findet? „Er veredelt den gesamten Raum…"

Stilmöbel & andere Kostbarkeiten

Die dunkelgrauen Wände im Wohnzimmer wirken wie ein räumliches Passepartout für die hellen Polstermöbel und die weißen Fenster und Türen. Im Esszimmer dominieren ebenfalls starke Kontraste den Raum. Zwei Industrielampen des Typs Titan Size 3 von Original BTC beleuchten den langen massiven Holztisch.

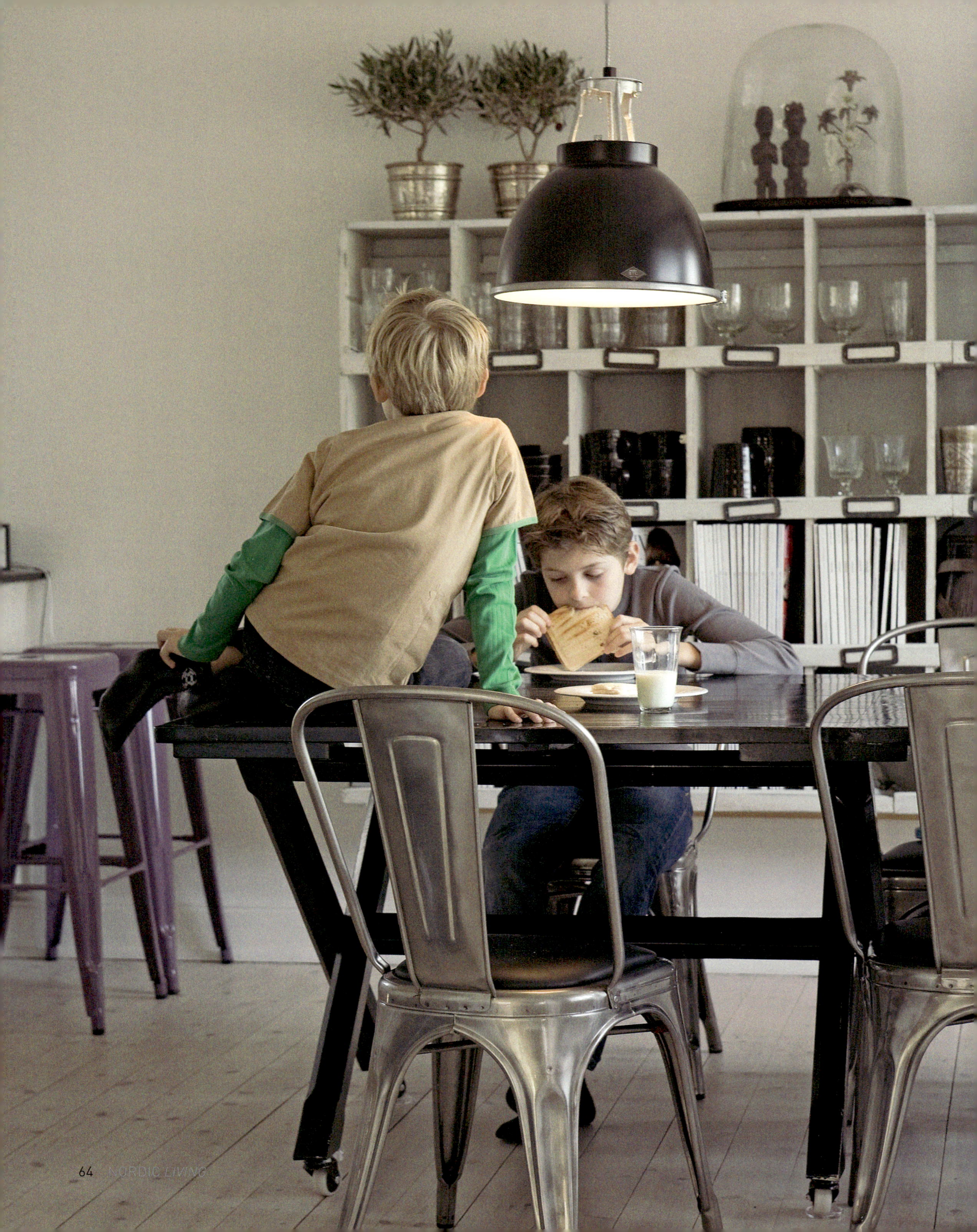

Der Treffpunkt der Familie ist der große schwarze Esstisch. „Hier kommen wir alle zusammen, um uns auszutauschen – ob zum Frühstück, Mittagessen oder auf eine Tasse Tee", sagt Elisabeth. „So ein Gemeinschaftraum ist für das familiäre Leben sehr wichtig, denn jeder hat hier im Haus seinen eigenen Rückzugsort auf verschiedenen Etagen."

> JEDER
> BEWOHNER
> HAT SEINEN
> EIGENEN
> TAGESABLAUF
> UND RYTHMUS
> UND BRAUCHT
> DAFÜR VIEL
> RAUM
> FÜR SICH

Die Söhne Oliver und William sind musikbegeisterte Teenager. Sie haben im Obergeschoss ihre Schlafzimmer und teilen sich im Keller ein Studio. „Oliver hat vor kurzem mit dem Schlagzeugspielen angefangen. Ich bin sehr froh, dass wir es im Keller unterbingen konnten, sonst könnte ich, wenn er nachmittags übt, zu Hause keine Ruhe finden", sagt Elisabeth.

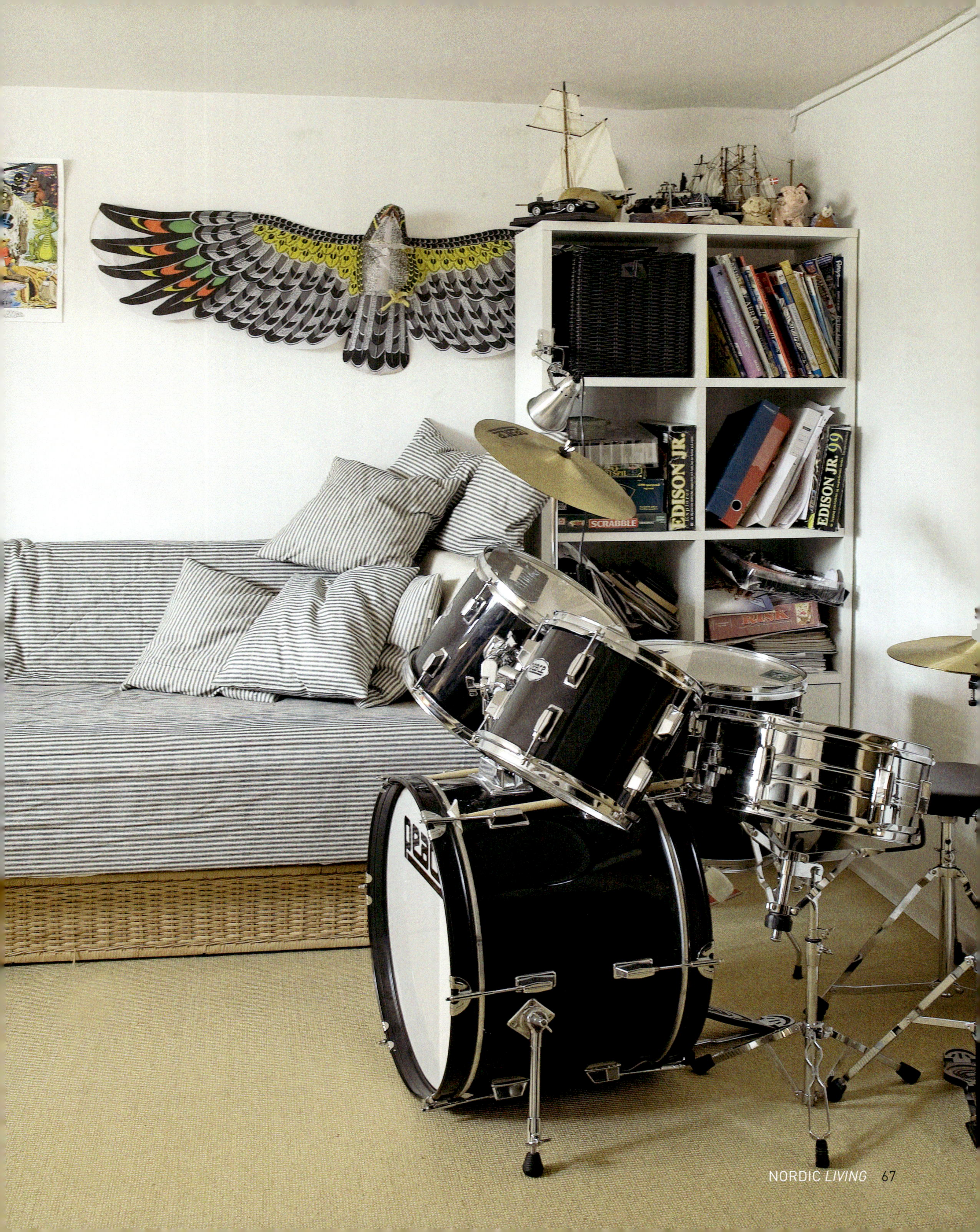

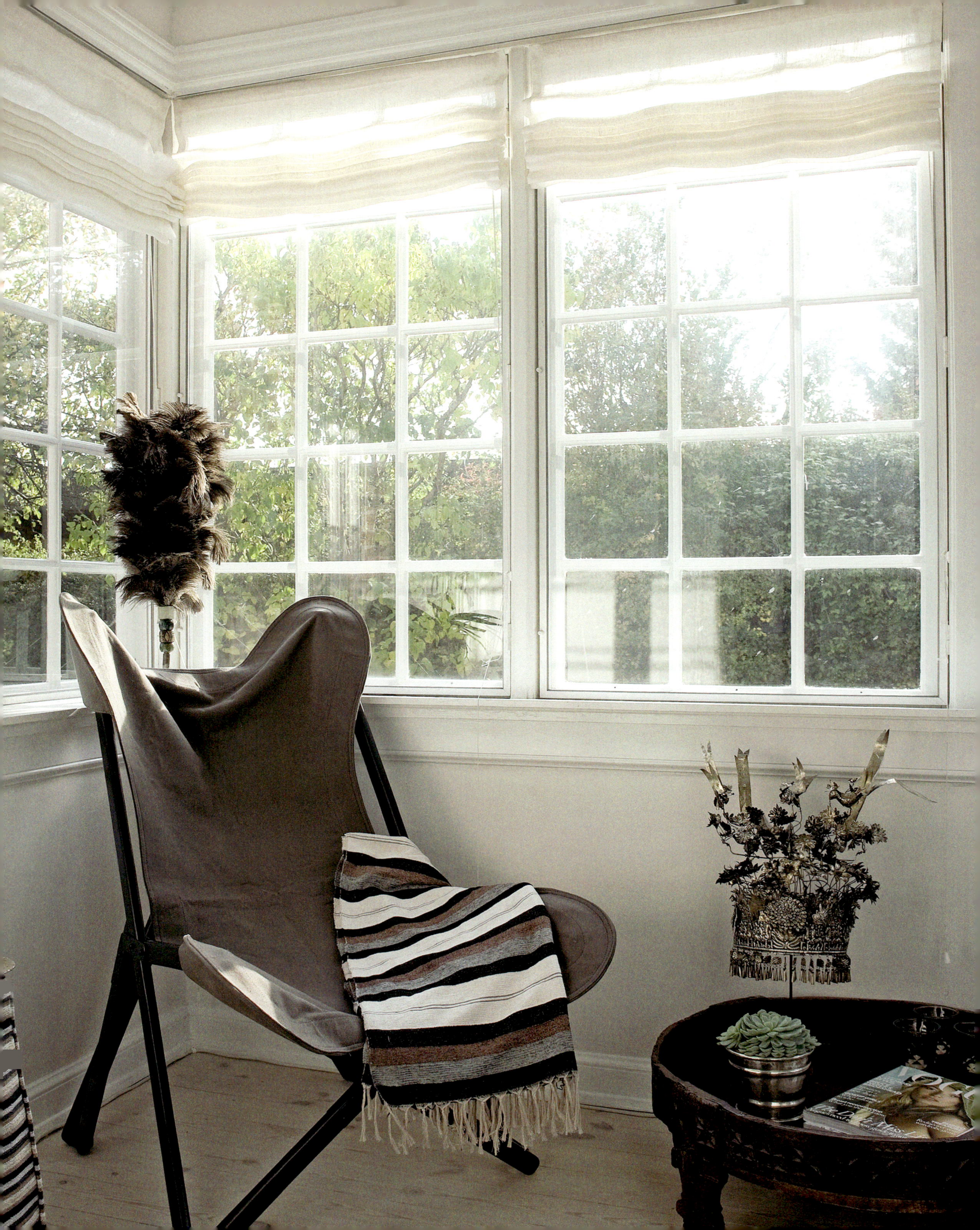

Exklusives Ambiente

Elisabeth gehört seit über zehn Jahren der Interior Shop Sortsøe in Hellerup nördlich von Kopenhagen. Kein Wunder, dass viele ihrer Verkaufsgegenstände auch den Weg in ihr eigenes Zuhause finden. „Ich bin beruflich wie privat jeden Tag von wundervollen Dingen umgeben – für mich gibt es nichts Schöneres!"

Grautöne

„Grau ist unaufdringlich und edel und mit jeder beliebigen Farbe kombinierbar."

Marion Hellweg

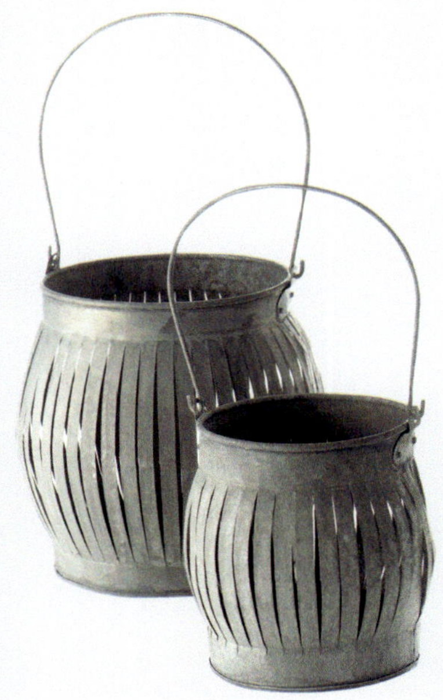

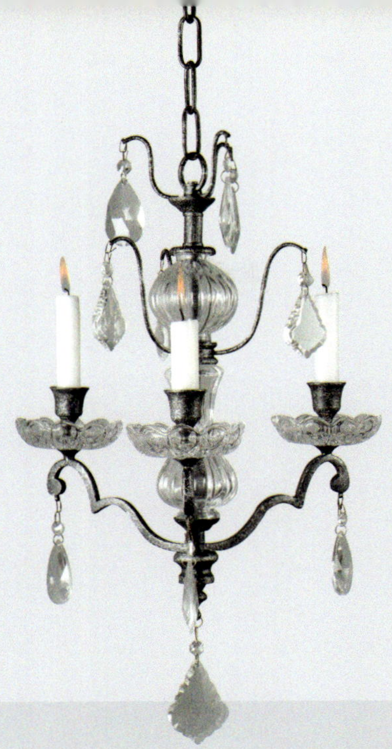

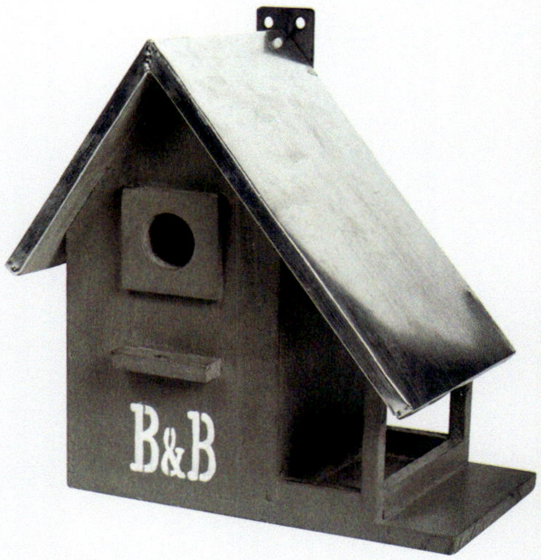
B&B

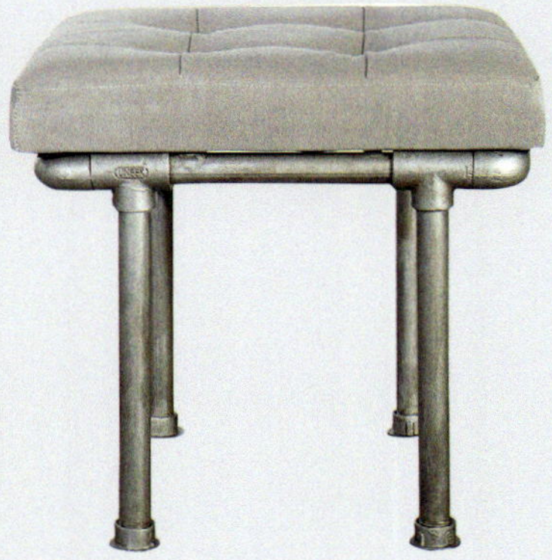

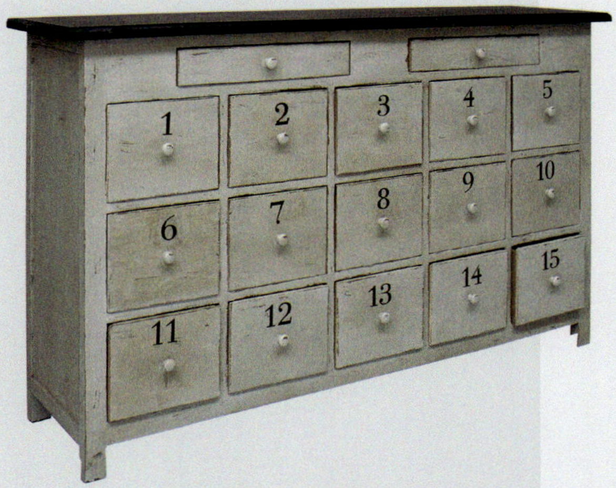
1 2 3 4 5
6 7 8 9 10
11 12 13 14 15

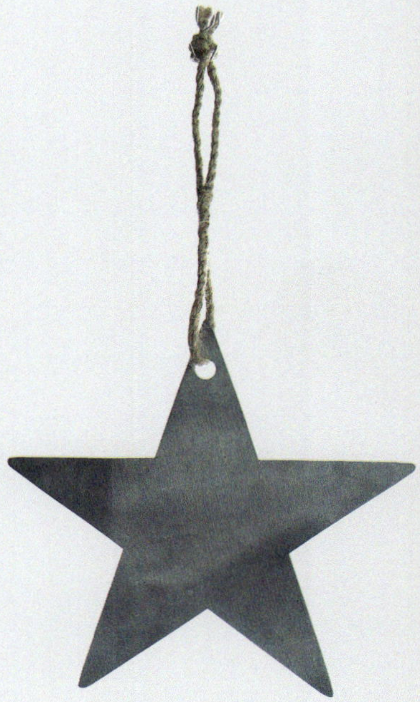

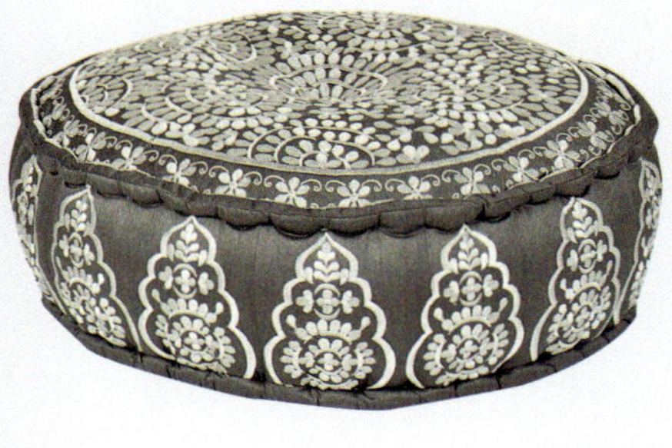

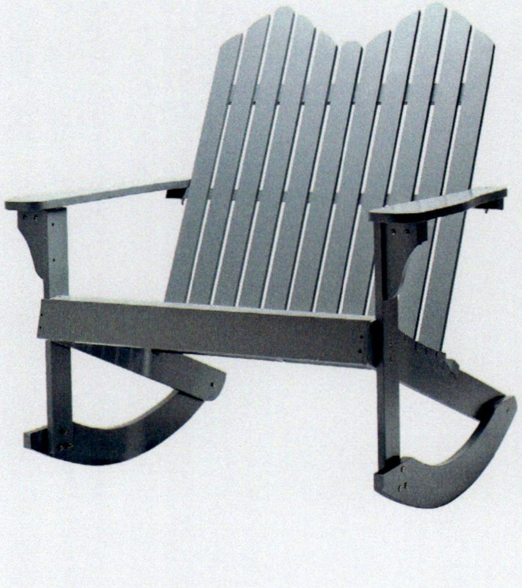

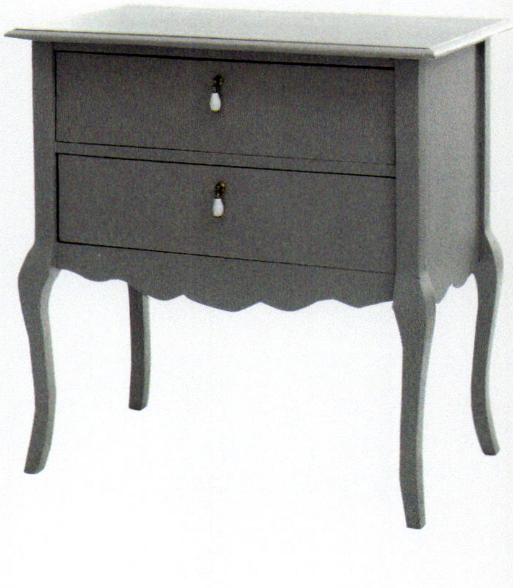

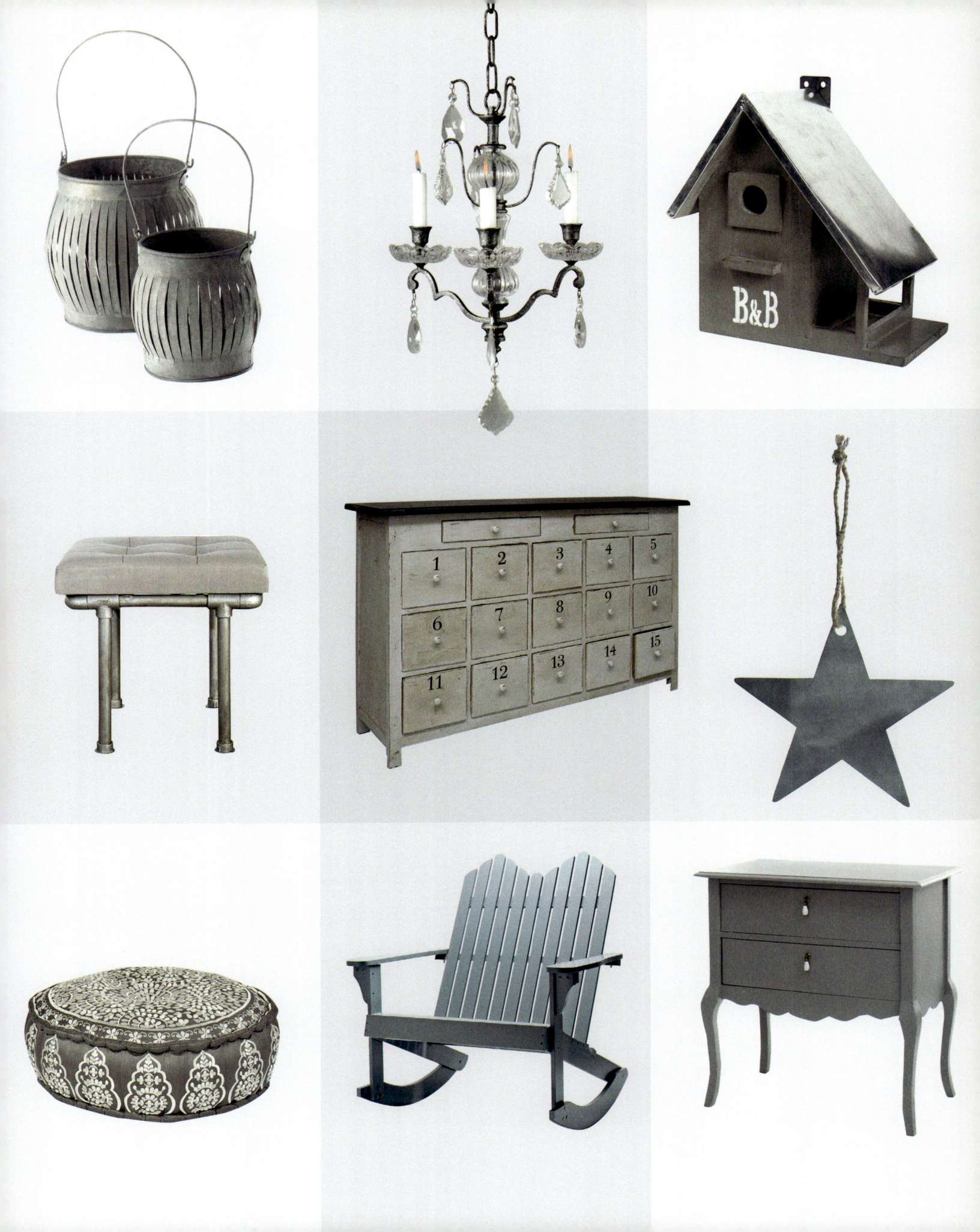

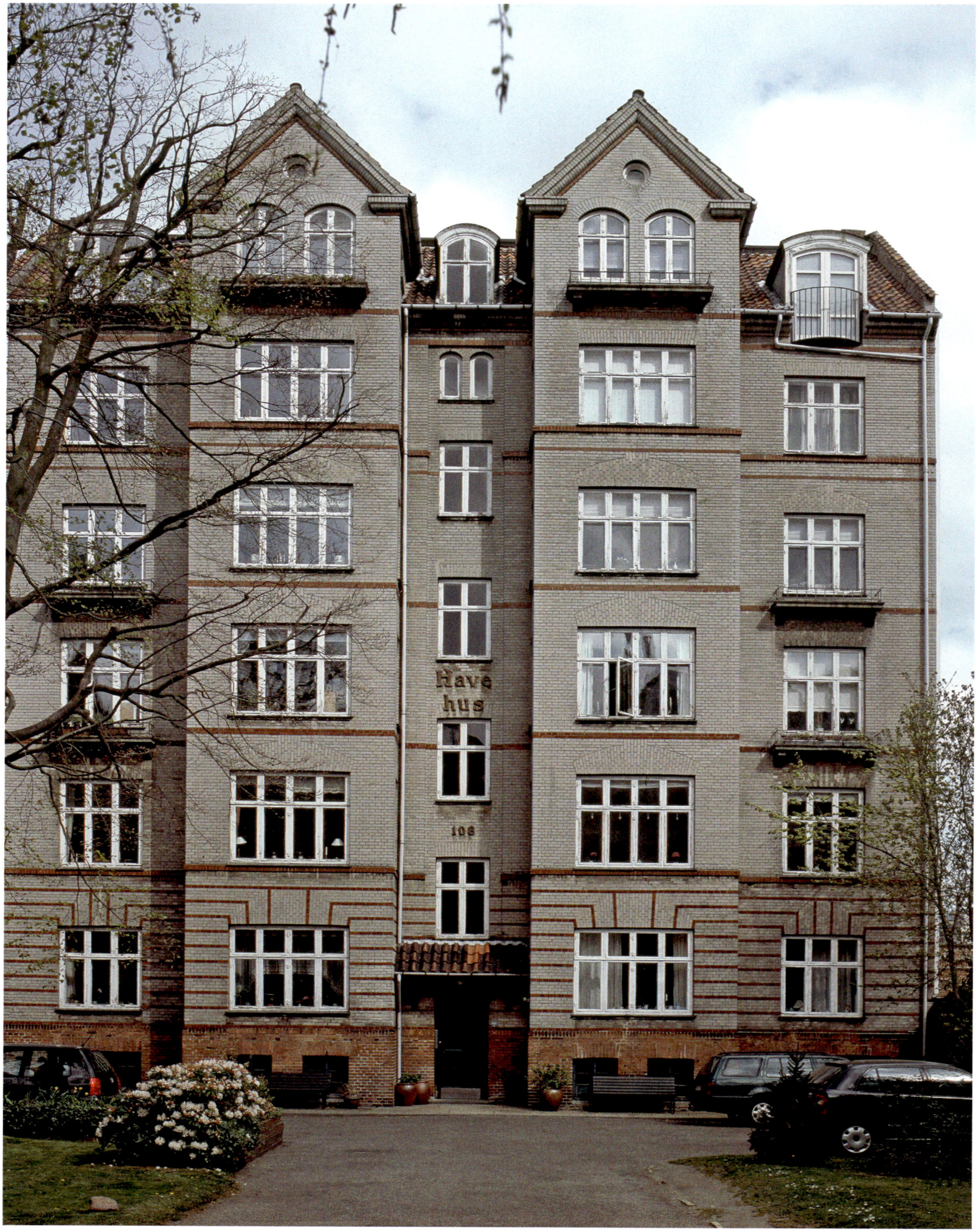
Have
hus
108

Hellerup

Den nahen Øresund im Blick

„Der Ausblick hat mich bei der ersten Besichtigung schier umgehauen", erzählt Brian, „und mich für die zahlreichen Treppenstufen entschädigt, die ich bis zur Altbauwohnung hinaufgegangen bin." Manchmal muss man eben hoch hinaus, um ans Ziel seiner Wünsche zu gelangen. Brian und Rene haben sich dafür eines der schönsten Wohnhäuser am Strandvejen von Hellerup ausgesucht. „Vom Schlafzimmer kann man direkt aufs Meer sehen, da fängt man sogar tagsüber zu träumen an", schwärmt Brian. Die Renovierung plante der Mode-Stylist gemeinsam mit einem befreundeten Architekten. „Rene und ich wünschten uns mehr Offenheit. Darum mussten einige Trennwände weichen." Das Ergebnis ist eine moderne, weitläufige Wohnbühne mit vielen cleveren Stauraumlösungen.

Der alte Schwedenofen aus dem Jahr 1860 in einer Ecke des Esszimmers war ein Geschenk von Freunden. Er wird an kalten Tagen mit Brennholz befeuert. Die Wandfarbe von Farrow & Ball trägt den wunderschönen Namen Elefant's Breath. „Wir haben lange nach dem richtigen Farbton gesucht und wollten etwas ganz Unaufgeregtes, aber dennoch Besonderes, damit der Ofen und die edle Holzvertäfelung optimal wirken können", sagt Brian.

Was den Kachelofen für Brian so einzigartig macht? „Die Fliesen sind alle von Hand geformt und gebrannt..."

Silberne Accessoires sorgen für **puren Glamour**

Kaum zu glauben, aber der schwere Esstisch samt Glasplatte steht auf robusten Gummirollen und kann so bewegt werden. „Das ist von Vorteil, wenn wir viele Gäste zu Besuch haben und den Raum anders nutzen möchten", erklärt Brian, der ein passionierter Hobby-Koch ist. Die schwarzen Ledermöbel im Wohnzimmer sind vom dänischen Hersteller Hay, die silbernen Tisch- und Hängeleuchten stammen aus der Design-Schmiede von Kartell.

Glas & Keramik

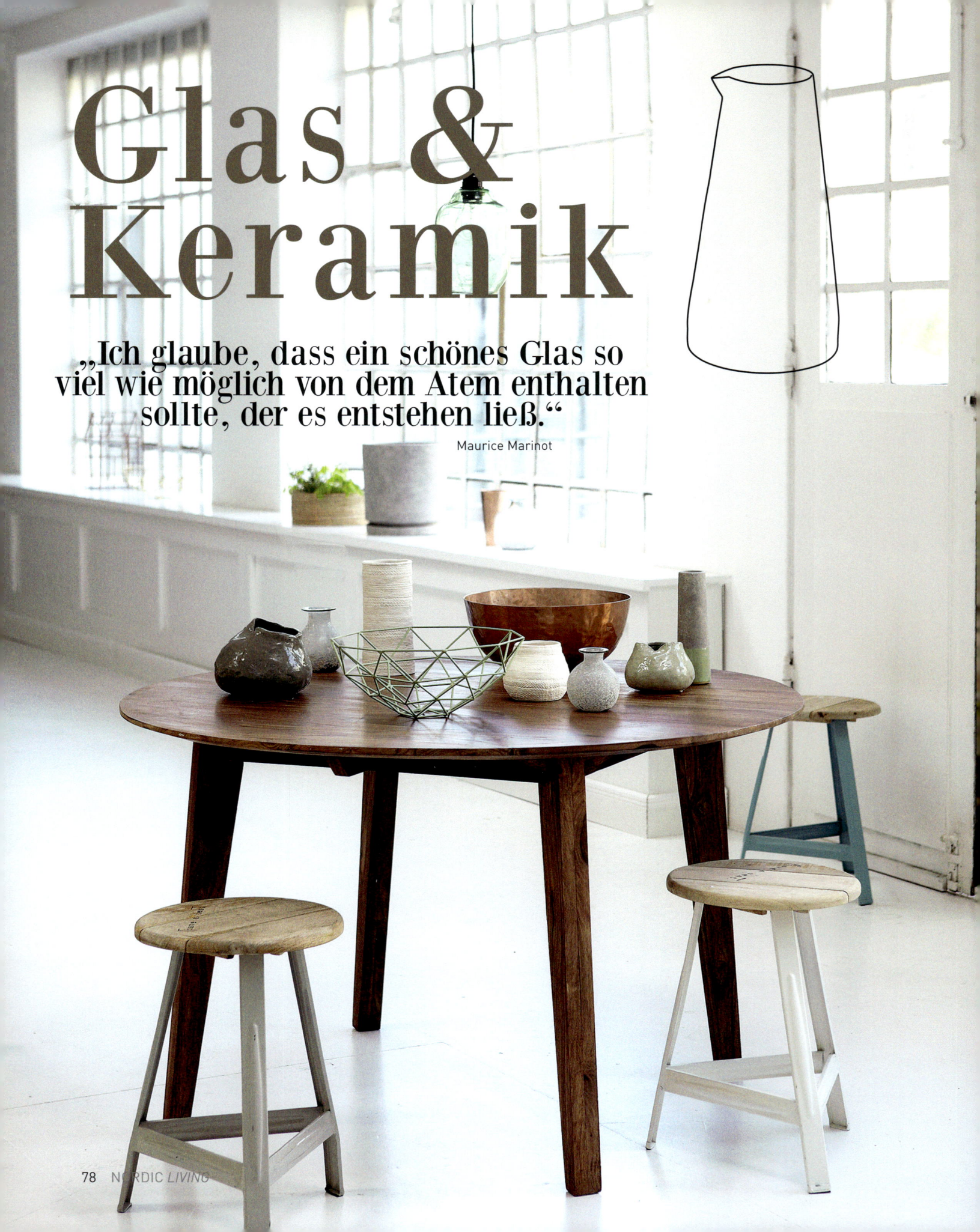

„Ich glaube, dass ein schönes Glas so viel wie möglich von dem Atem enthalten sollte, der es entstehen ließ."

Maurice Marinot

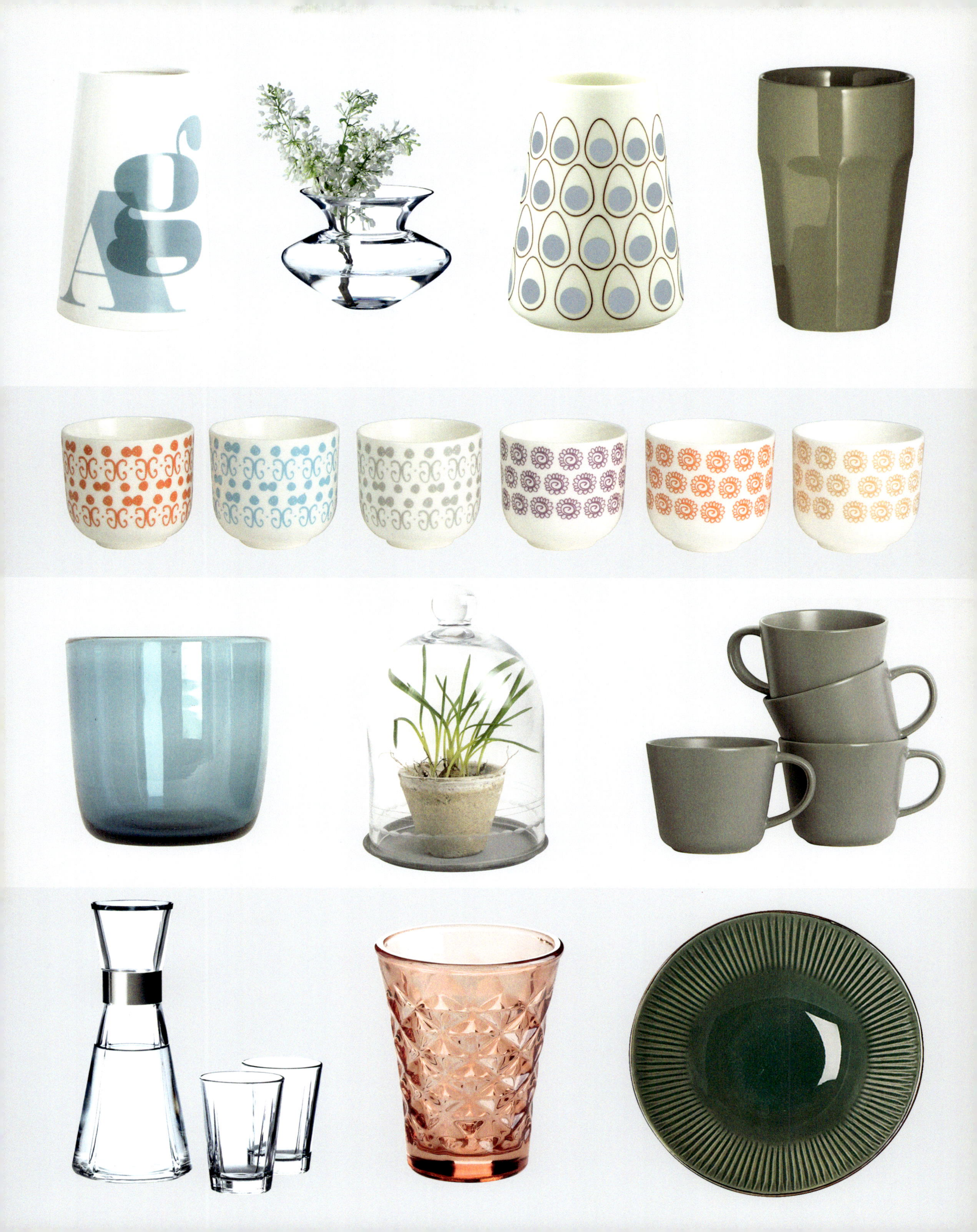

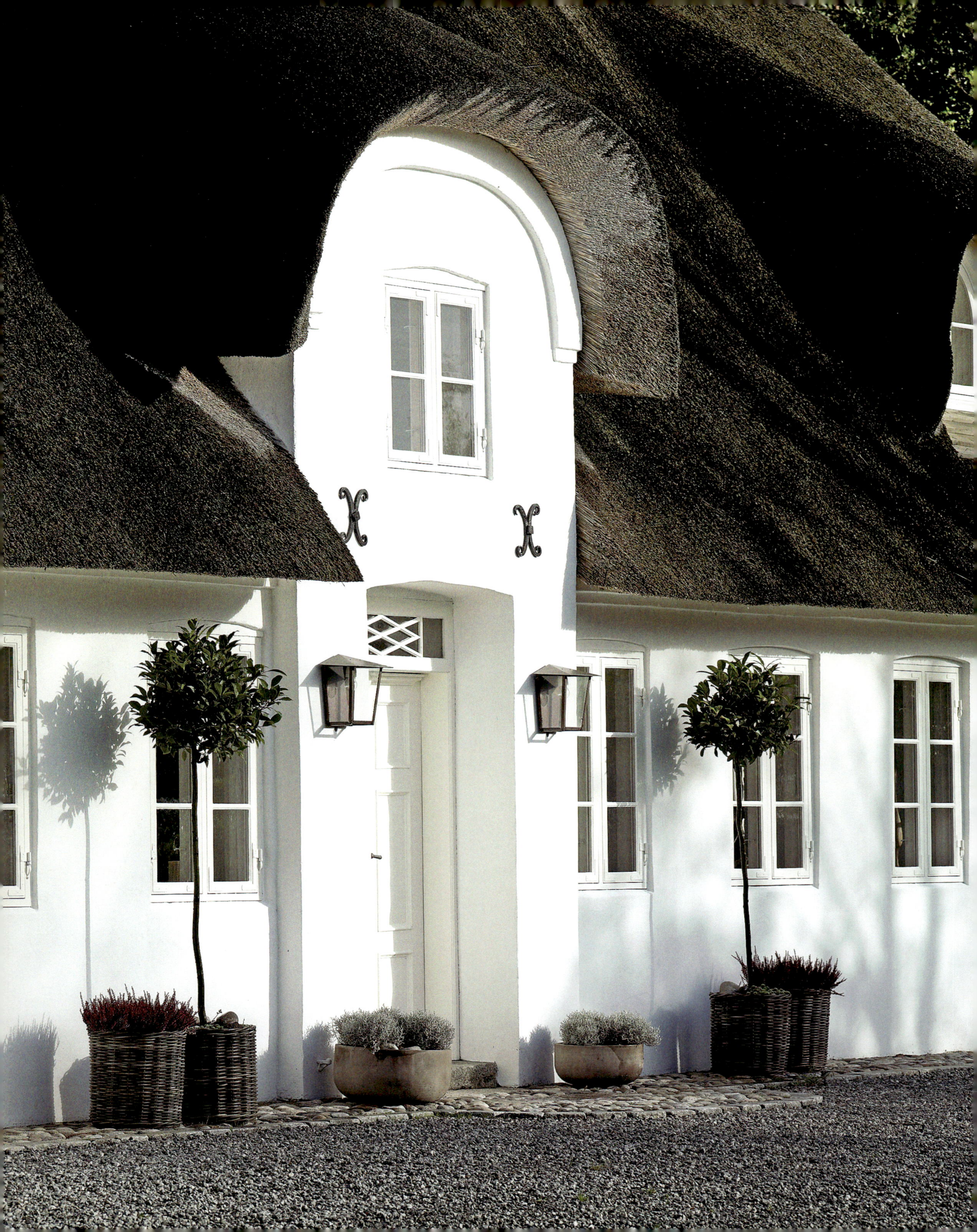

Øster Lindet

Ein Reetdachhaus mit Bodenhaftung

Als Heidi und Thomas in Aarhus das erste Mal aufeinandertrafen, wussten sie noch nicht, dass diese Begegnung ihr Leben für immer verändern würde: Heidi fuhr auf einer Straßenkreuzung frontal in Thomas' Wagen – zum Glück, ohne Schlimmeres als einen Blechschaden zu verursachen. Vielmehr fahren die beiden seitdem glücklich in dieselbe Richtung und kauften sich sogar vor einigen Jahren nach ihrer Hochzeit dieses wunderschöne Anwesen in der Nähe der Kleinstadt Øster Lindet, 35 Kilometer südwestlich von Kolding. Besonders reizvoll fanden sie, dass dem denkmalgeschützten Haus aus dem Jahr 1880 eine Komplettsanierung bevorstand. „Wir sahen es als eine echte Herausforderung an, den Hof behutsam in die Neuzeit zu versetzen", betont Heidi. Geholfen hat ihnen bei den umfassenden Umbau- und Sanierungsmaßnahmen der auf Restaurierungen spezialisierte Architekt Jørgen Overby. Von außen scheint die historische Fassade beinahe unberührt geblieben zu sein, innen ist das Haus hingegen von modernem Minimalismus geprägt. Thomas, der 1989 den Familienbetrieb Dinesen übernahm, stattete das Refugium natürlich mit den erlesensten Holzböden aus eigener Herstellung aus. „Die hellen, breiten Dielen bilden eine Brücke zwischen Vergangenheit und Gegenwart", sagt er. „Auch unsere Möbelstücke, die von dänischen Designern wie Hans J. Wegner und Børge Mogensen stammen, vereinen das Gestern und Heute mit Bravour."

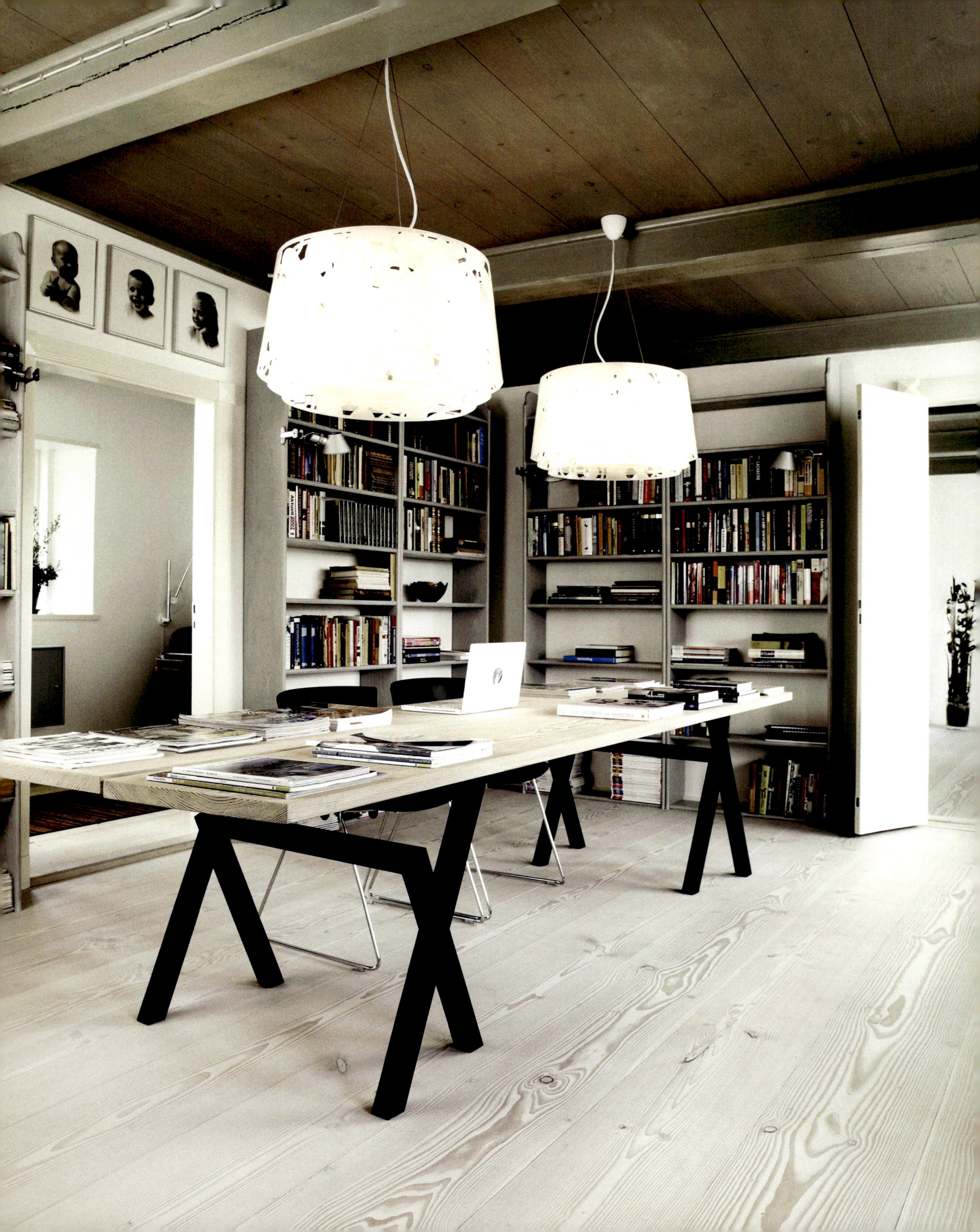

Traditionen sind Heidi und Thomas sehr wichtig. „Wenn man ein Unternehmen wie Dinesen leitet, braucht man Verständnis für die Kultur und Lebensweise der Menschen", sagt Thomas. „Der Holzdielenboden gehört zu einem dänischen Zuhause genauso dazu wie ein Designerstuhl." Und Design gibt es im Haus in jedem Winkel. Über dem SUP Design Arbeitstisch von Søren Ulrik Petersen in der Bibliothek thronen zum Beispiel zwei Collage Pendelleuchten von Louise Campbell.

NORDIC *LIVING*

Die schneeweiße Küche wurde von Jørgen Overby entworfen und bei einem Schreiner spezialangefertigt. „Wir wünschten uns ein modern definiertes Ambiente, das aber dennoch nicht zu sehr mit der ursprünglichen Architektur des Hauses bricht", erzählt Heidi. Auch im Wohnzimmer herrscht eine übersichtliche Klarheit, die wegen der Sitzlandschaft von Erik Jørgensen und des offenen Kamins dennoch Behaglichkeit ausstrahlt.

Holz ist hier der Hauptakteur

Böden

„Holz ist voller Wunder, voll überraschender Schönheit und vornehmer Eleganz. Es begleitet und dient uns ein Leben lang."

Frank Glenz

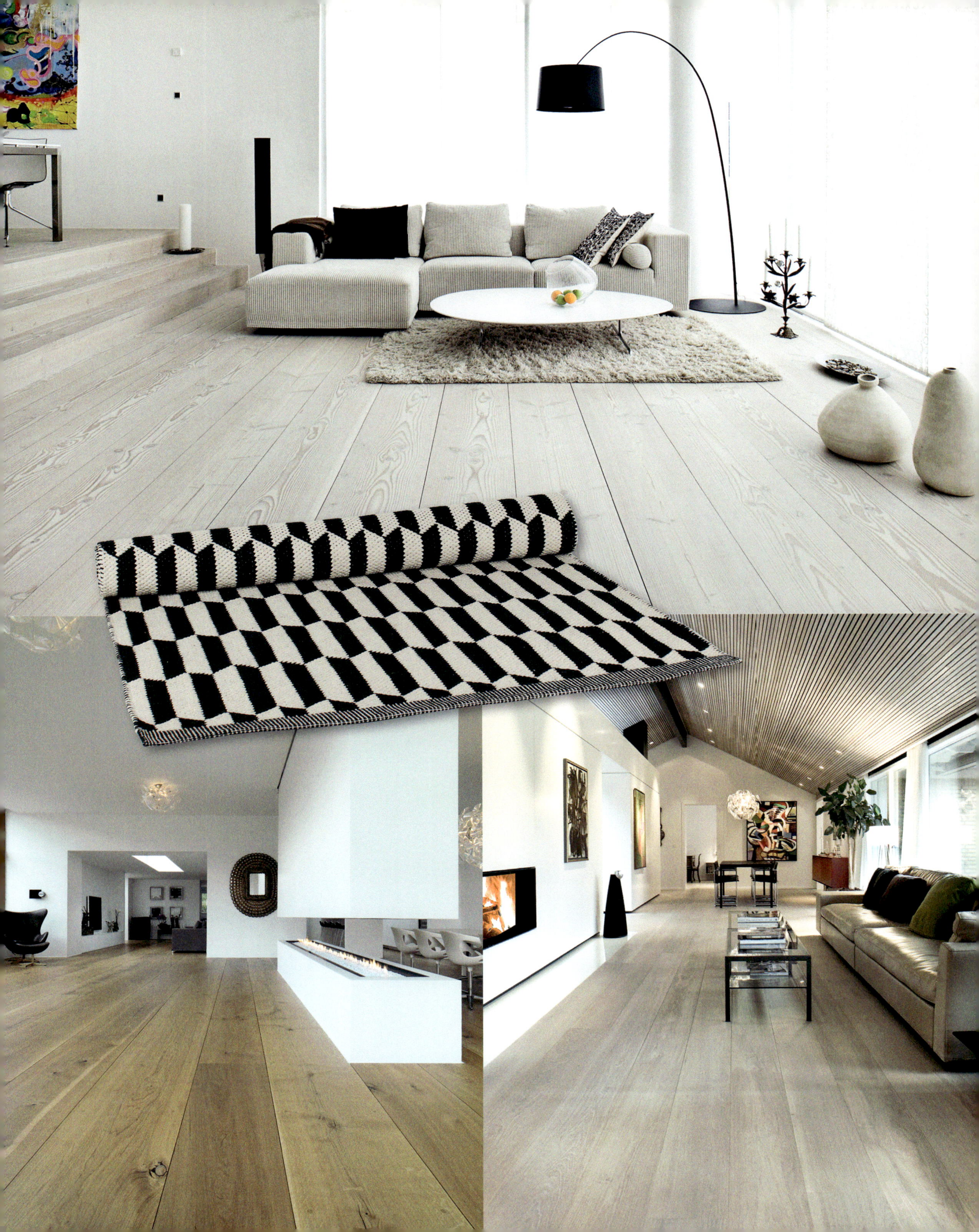

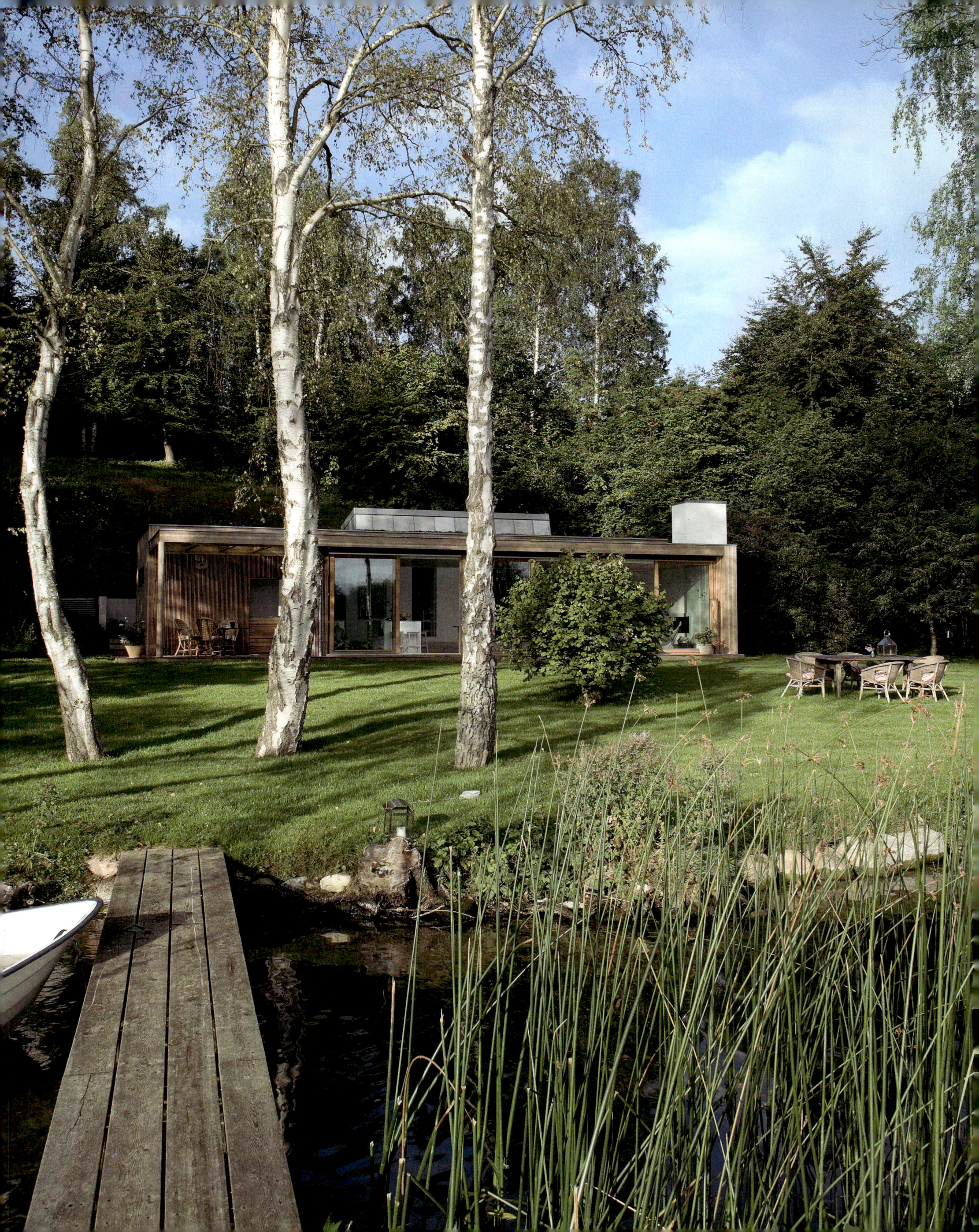

Buresø

Moderne Formensprache direkt am Seeufer

Nur 35 Kilometer von der dänischen Hauptstadt entfernt befindet sich ein idyllischer Naturpark, dessen zentrale Mitte ein lang gestreckter See bildet: Buresø. Dort am Ufer ein Grundstück zu ergattern, gleicht fast einem Sechser im Lotto. Man muss wie so oft im Leben zur richtigen Zeit am richtigen Ort sein oder zur richtigen Zeit den richtigen Mausklick tätigen – Maria und Jens waren gerade online, als das Grundstück zeitgleich auf einer Immobilienseite im Internet zum Kauf angeboten wurde. Umgehend machte das Paar mit ihren zwei Töchtern einen Besichtigungstermin aus und fuhr zum 4.000 Quadratmeter großen Areal. Die Unterzeichnung des Kaufvertrags war dann nur noch Formsache. Für die Umsetzung ihres schon lange gehegten Plans, ihr Traumhaus zu realisieren, engagierten sie die Architektin Mette Lange, deren Ziel es war „eine direkte Korrespondenz mit der umliegenden Natur zu erreichen." Gelungen ist ihr das fabulös, in dem sie zwei einstöckige Baukörper versetzt auf unterschiedlichem Level so platzierte, dass man von jedem Innenraum einen weitreichenden Blick ins Grüne genießen kann. „Man soll trotz baulicher Schutzhülle die Möglichkeit haben, ganzjährig im Freien zu leben. Einzig das Dach und einige wenige Wände sind in sich geschlossen." Ansonsten öffnet der Bungalow mittels zahlreicher Glasschiebetüren sein Herz jedem, der in ihm weilt.

NORDIC *LIVING*

Was Maria und Jens an der idyllischen Lage
ihres Traumhauses besonders schätzen?
„Die stillen Momente am frühen Morgen auf unserem
Privatsteg sind pure Meditation…"

WASSER, HIMMEL, LICHT UND LUFT SIND DIE HAUPTAKTEURE DER WOHNBÜHNE

Der weitläufige Allroom ist die zentrale Schnittstelle des modernen Refugiums. Hier befinden sich Küche, Wohnareal und Essplatz. Weitere Bereiche wie Schlafzimmer, Bad und Nutzräume grenzen direkt daran an. Dadurch ergeben sich fließende Übergänge, die die Offenheit des Baus in seinem Kern verstärken. Das großflächige Glasdach über der bequemen Sitzlandschaft lässt viel helles Tageslicht einfluten.

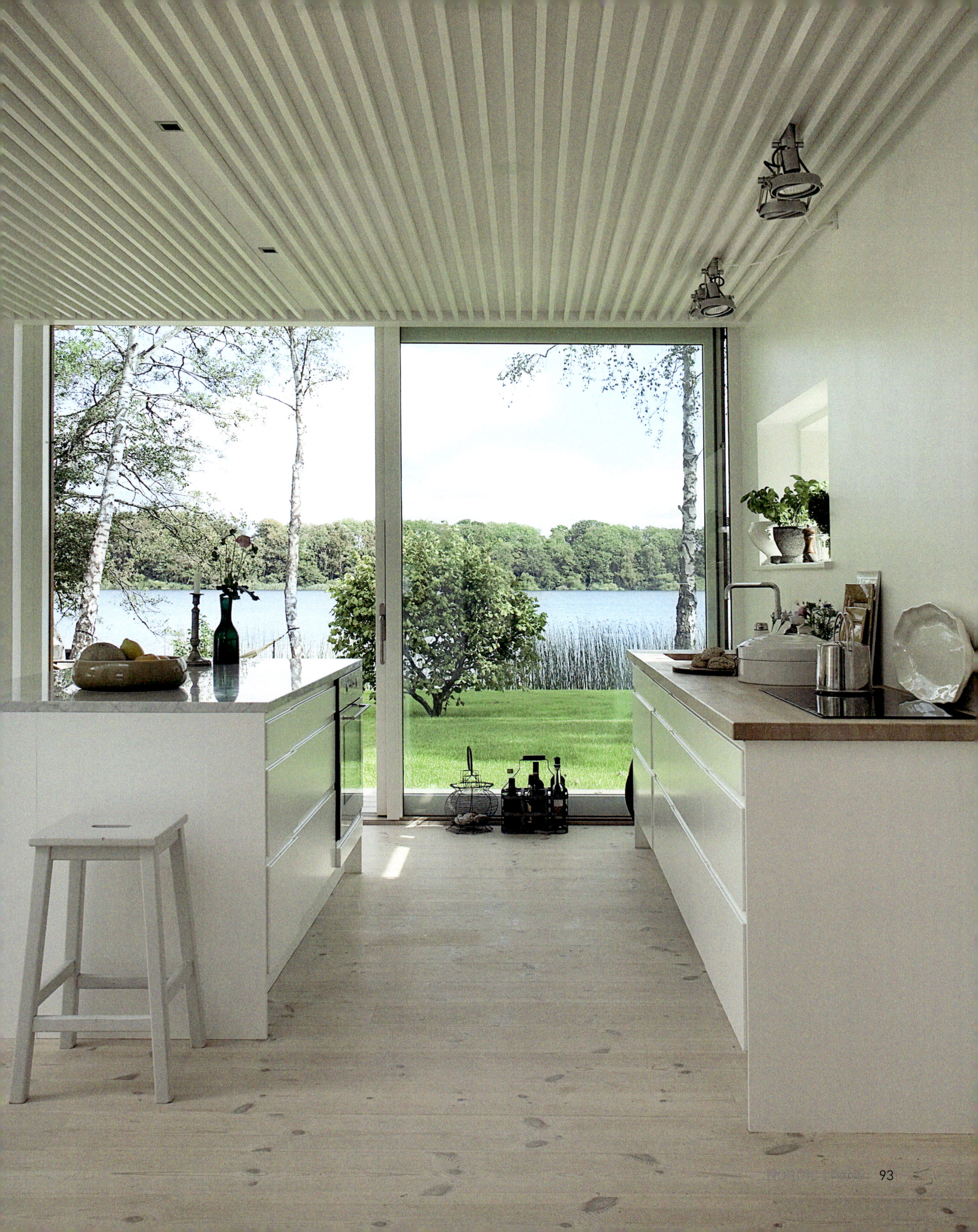

Lichtreflexe lassen den Holzboden leuchten

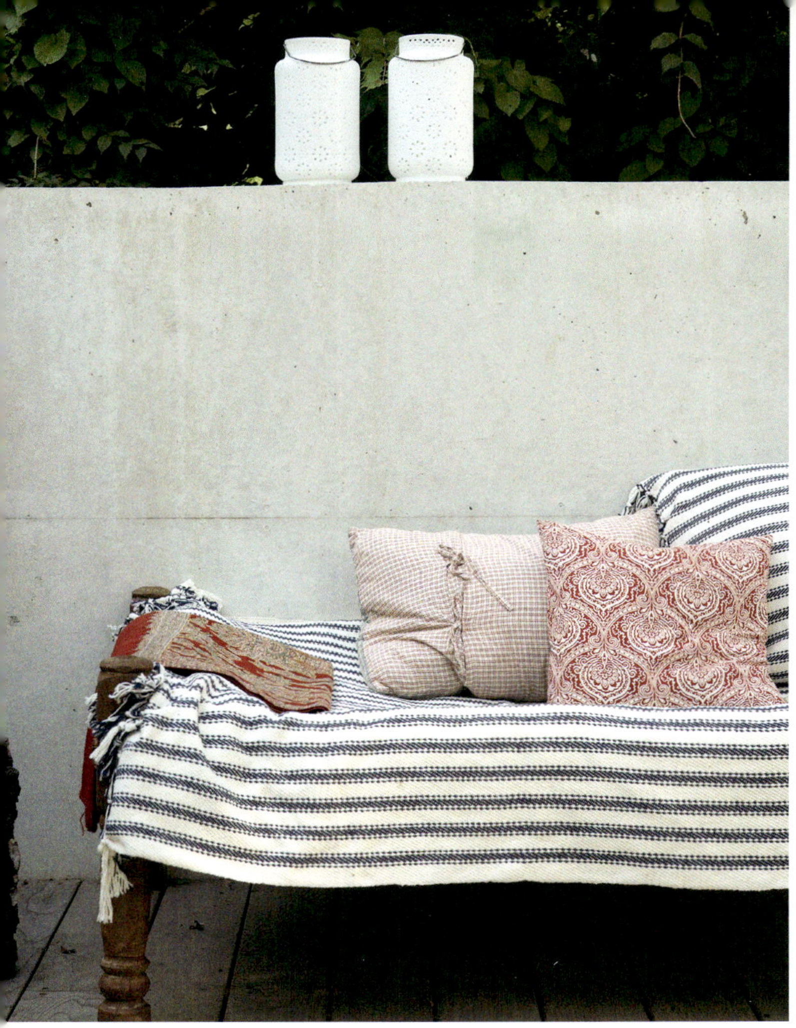
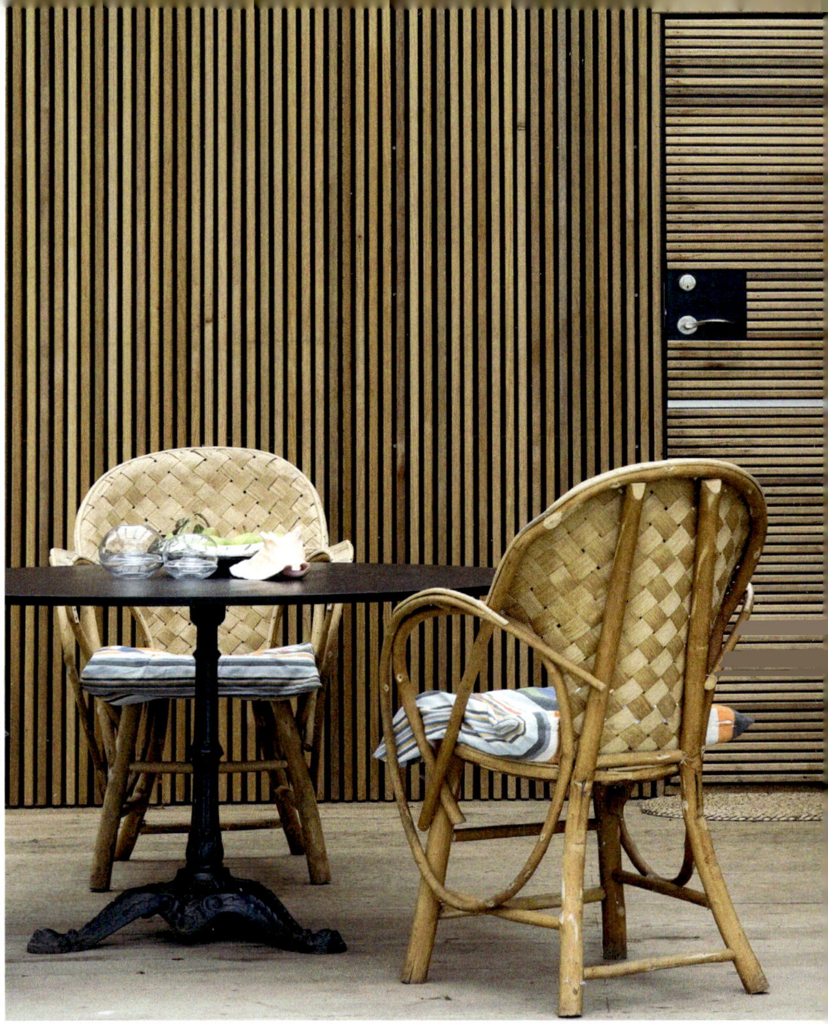
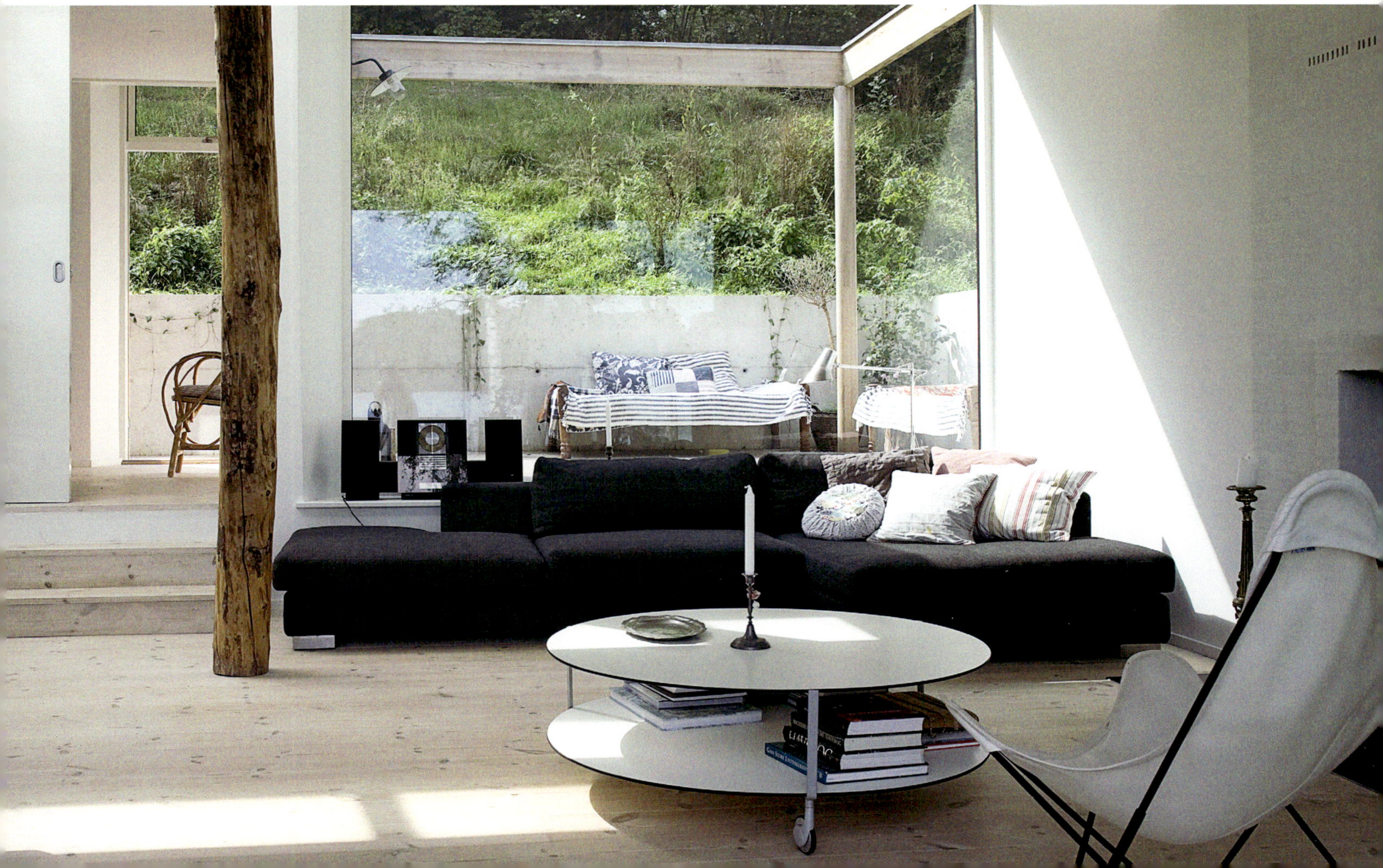

Der mit weißem Segeltuch bespannte Loungesessel B.K.F., auch Butterfly Chair genannt, wurde 1938 vom Architekten-Trio Ferrari-Hardoy, Kurchan und Bonet entworfen. Er macht nicht nur hier vor dem Kamin eine gute Figur, sondern ist auch seit 1941 Teil der ständigen Kollektion des Museum of Modern Art in New York.

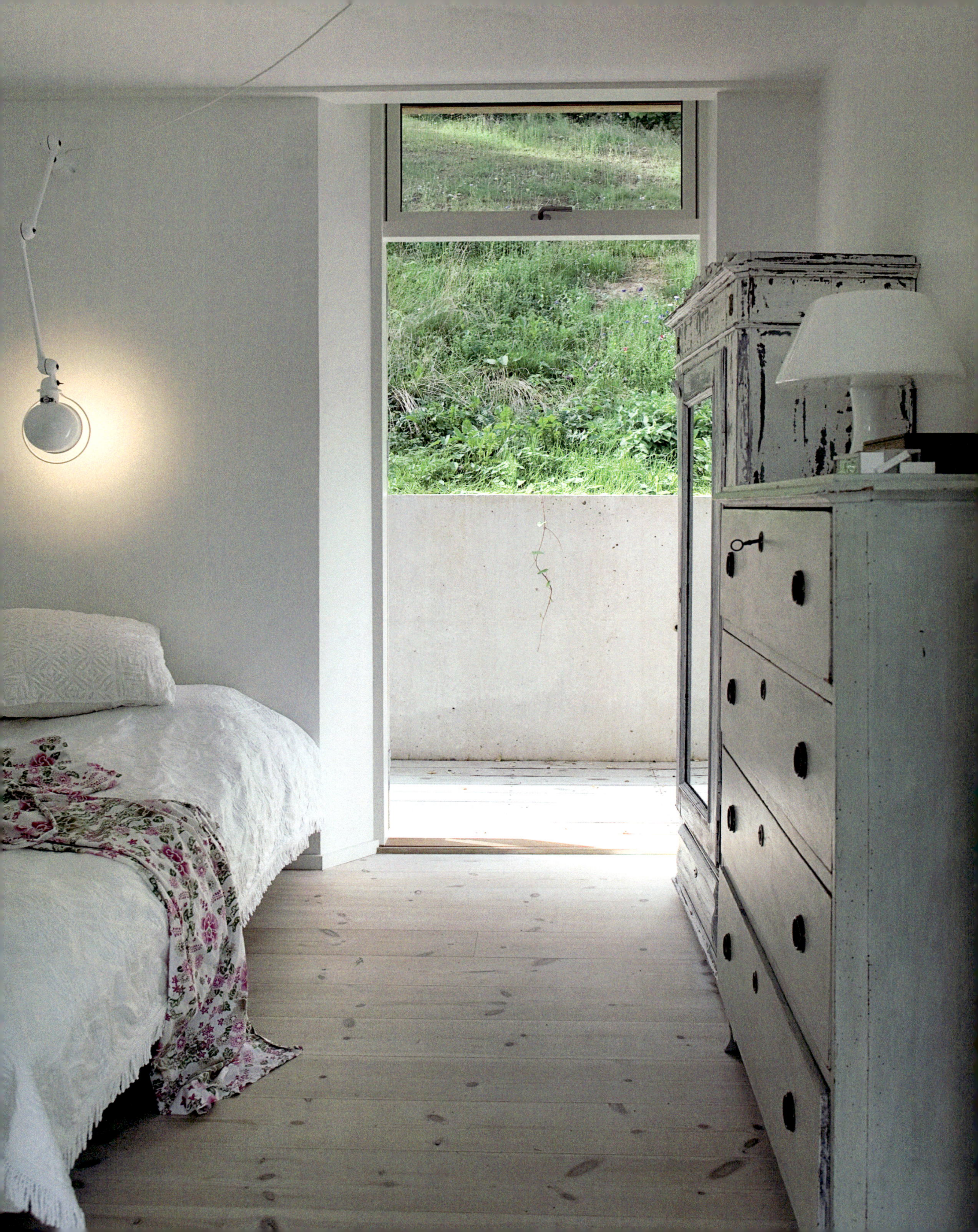

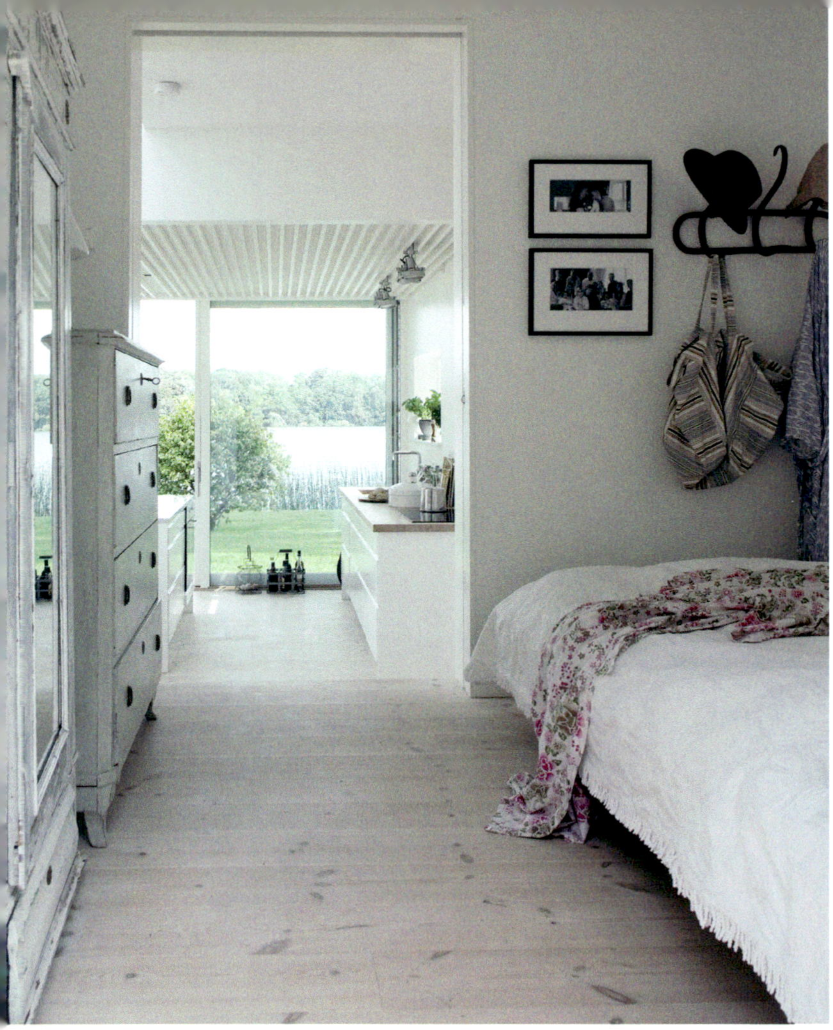
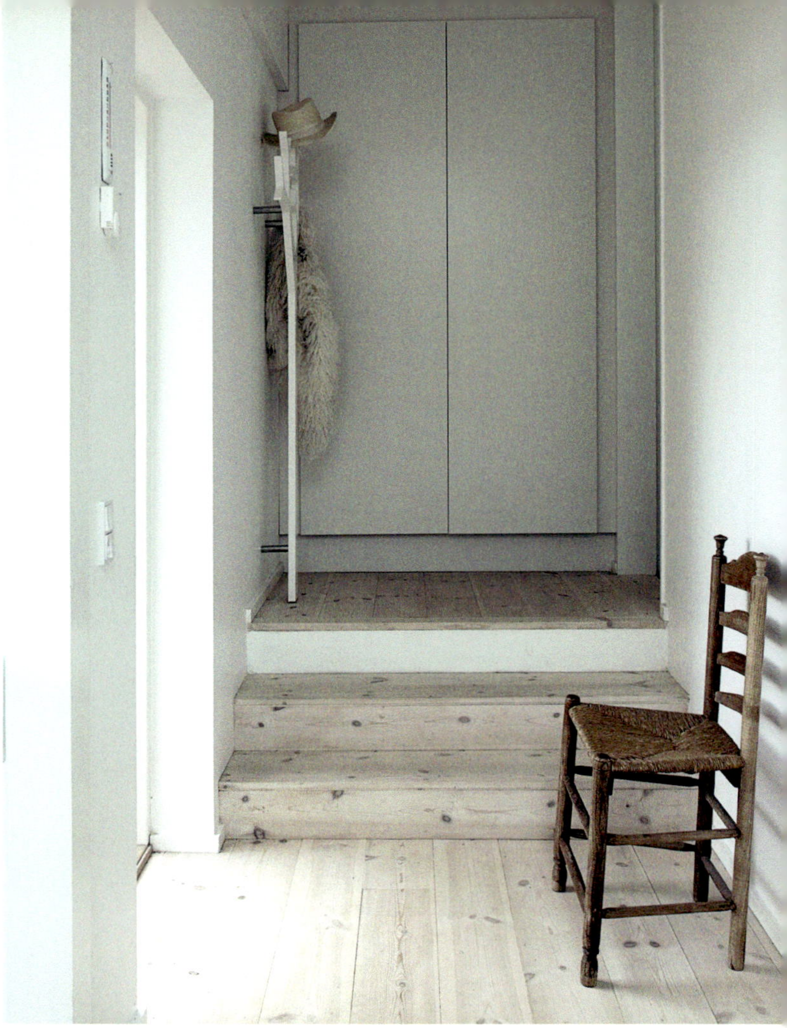
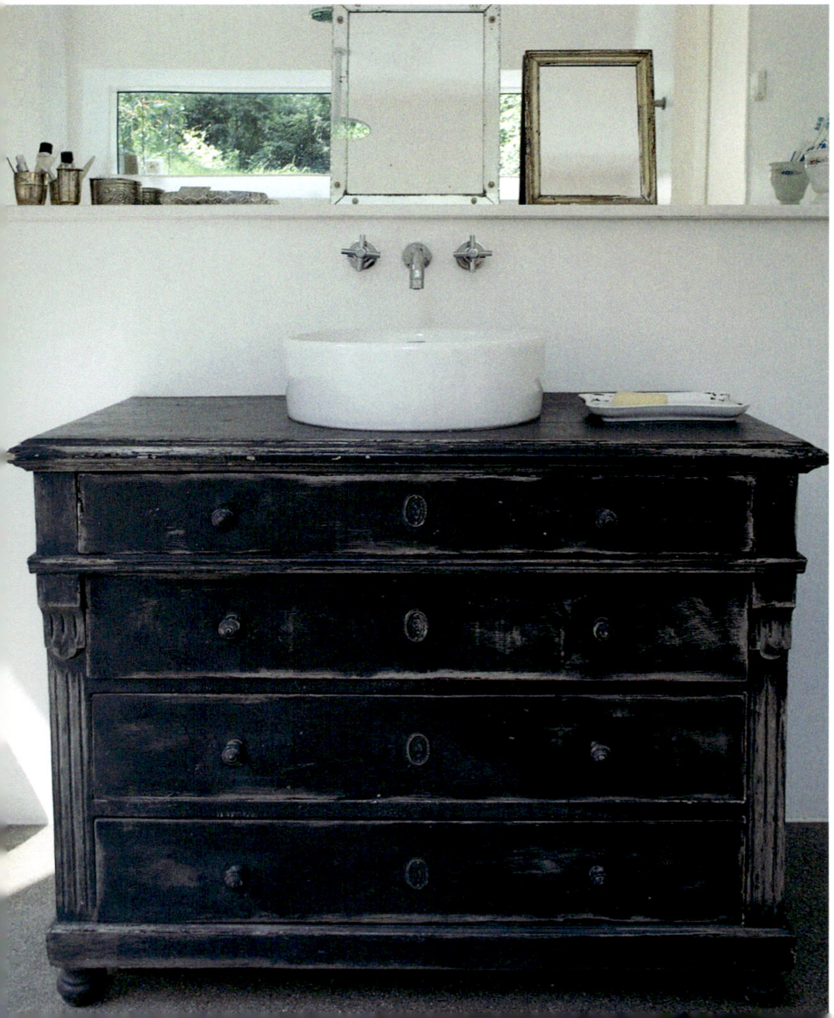
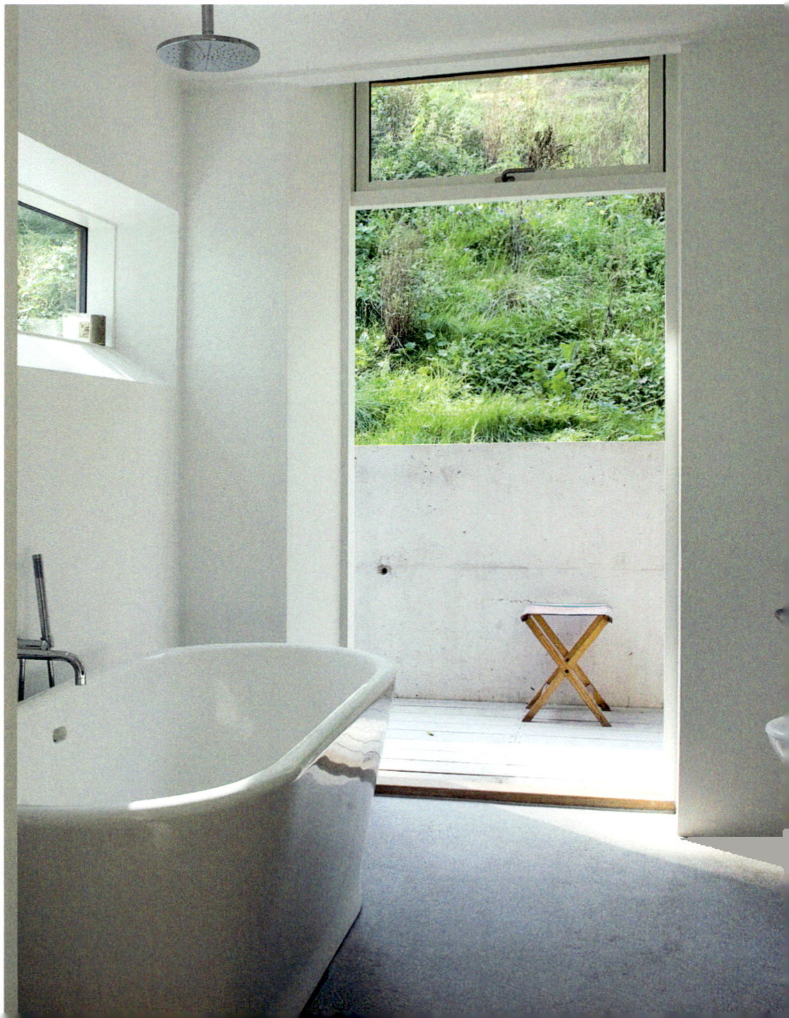

Barrierefreie Sichtachsen verlängern die Rückzugsräume optisch ins Endlose. An warmen Tagen öffnet sich das Haus extrovertiert zu allen Seiten. „Wer braucht schon eine Dusche unter freiem Himmel, wenn man sich in der freistehenden Keramikwanne von Lemérand so unprätentiös entspannen kann", schwärmt Maria. Der helle Kiefernholzboden bildet den idealen Background für das wohlüberlegte Mobiliar, dessen feine Gesichtszüge auch ohne auffälliges Make-up auskommen.

„Eine gute Küche ist das Fundament allen Glücks."

Georges Auguste Escoffier

Küche

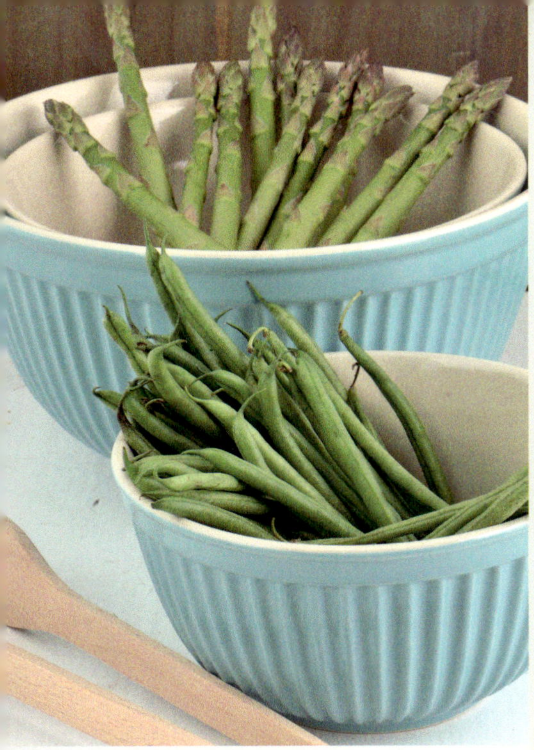

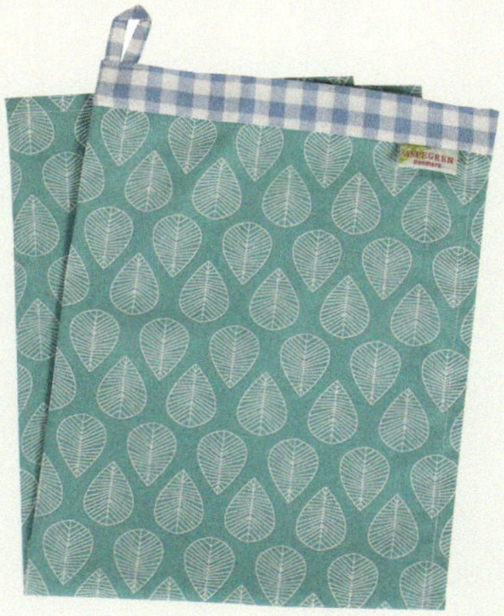

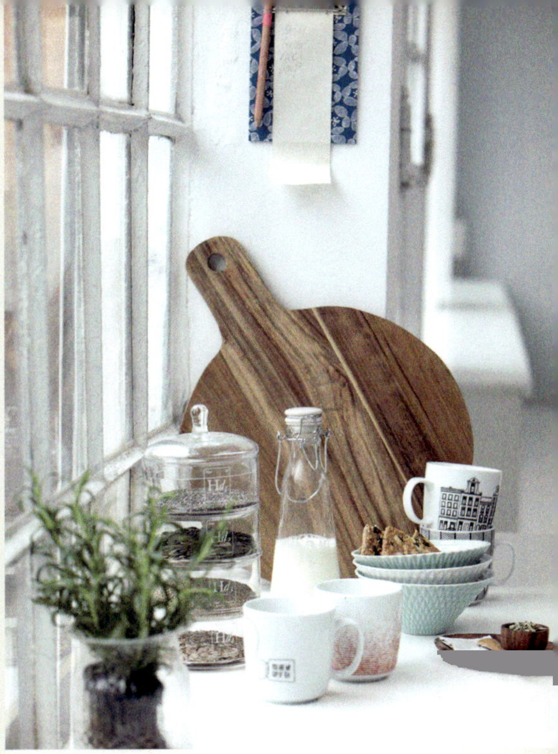

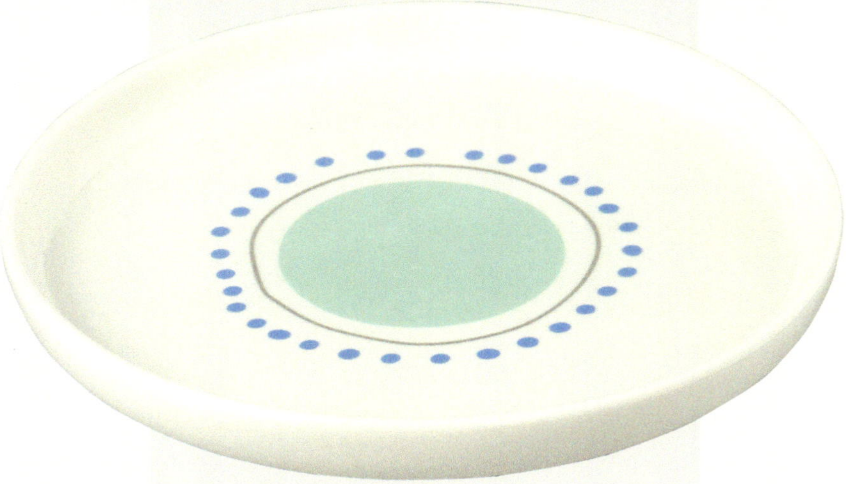

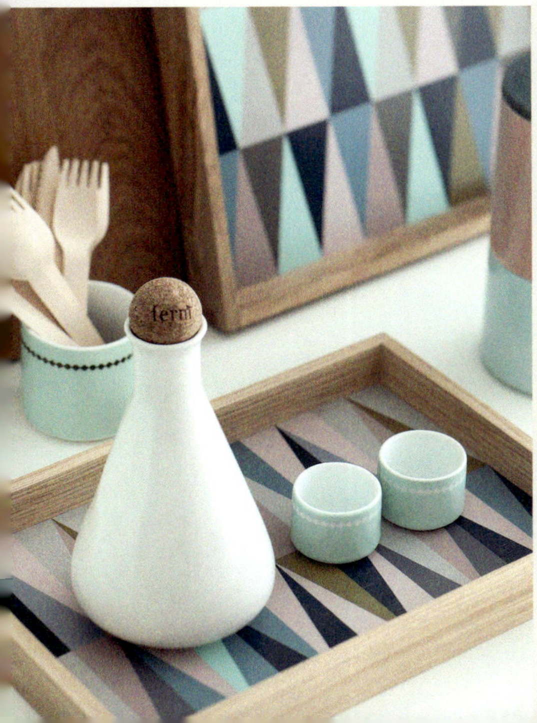
ferm

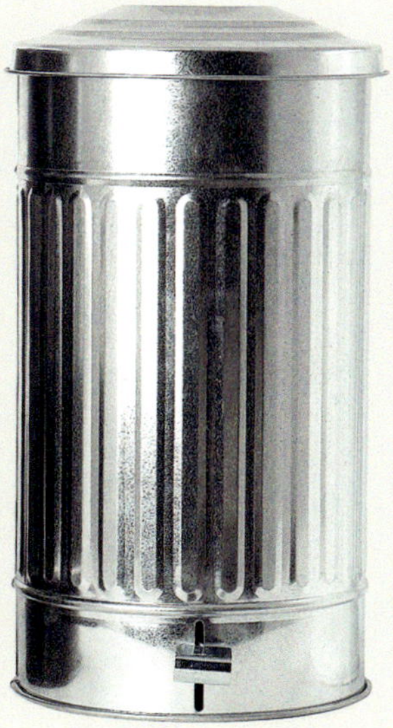

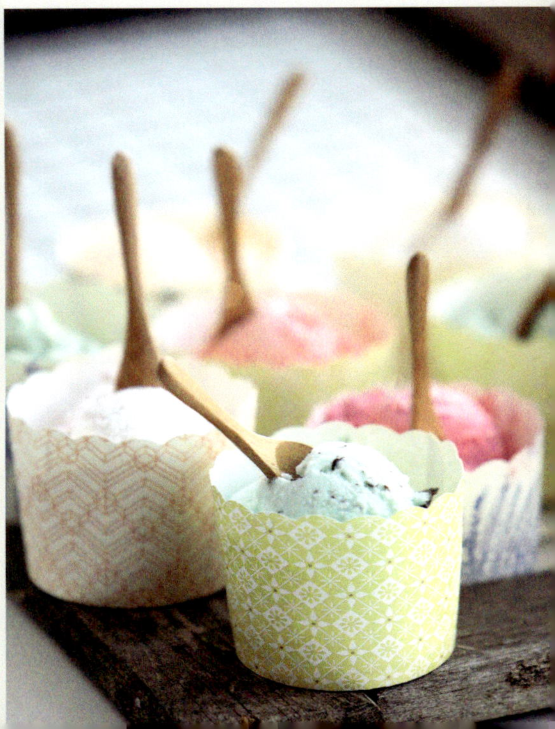

Charlottenlund

Kernsanierung mit
Happy End

„Charmantes altes Doppelhaus mit altem Obstgarten zu verkaufen" hatte damals in der Anzeige gestanden und die heutigen Eigentümer träumten sich schon beim Lesen hinein. Bei der ersten Begegnung in Charlottenlund wurde klar, dass die Wirklichkeit noch vielversprechender war, als die Annonce geklungen hatte. „Das Anwesen, auf dem ein Haupthaus und mehrere kleine Bauten stehen, gehörte seit 1884 einer Fabrikantenfamilie. Die Nebengebäude waren für die Dienerschaft", erzählt Hélène. „Mein Mann ist Architekt und hatte hinsichtlich der anstehenden Sanierung keine Bedenken. Er rief einfach: Wir werfen eine Bombe und fangen ganz von vorne an!" Und wahrlich: Der neue Kern des Hauses hat nichts mehr mit seiner traditionellen Hülle gemein, vielmehr gleicht er einem zeitgemäßen Domizil, das seine dänischen Wurzeln nicht verleugnet.

Welche clevere Idee Hélène hatte?
„Man kann das Sideboard im
Wintergarten verschieben und so
den Esstisch verlängern…"

Der neue Anbau fügt sich nahtlos an das ursprüngliche Gebäude an. „Wir haben einfach mehr Platz gebraucht, als uns das originale Haus bot. Also planten wir einen lichten Essbereich, der uns das Gefühl gibt, mitten im Garten zu sitzen", erzählt Hélène. Die raumhohen Glasfronten wurden im Stil des Hauses mit Sprossen versehen. Rote Ameisen-Stühle von Arne Jacobsen flankieren den Tisch.

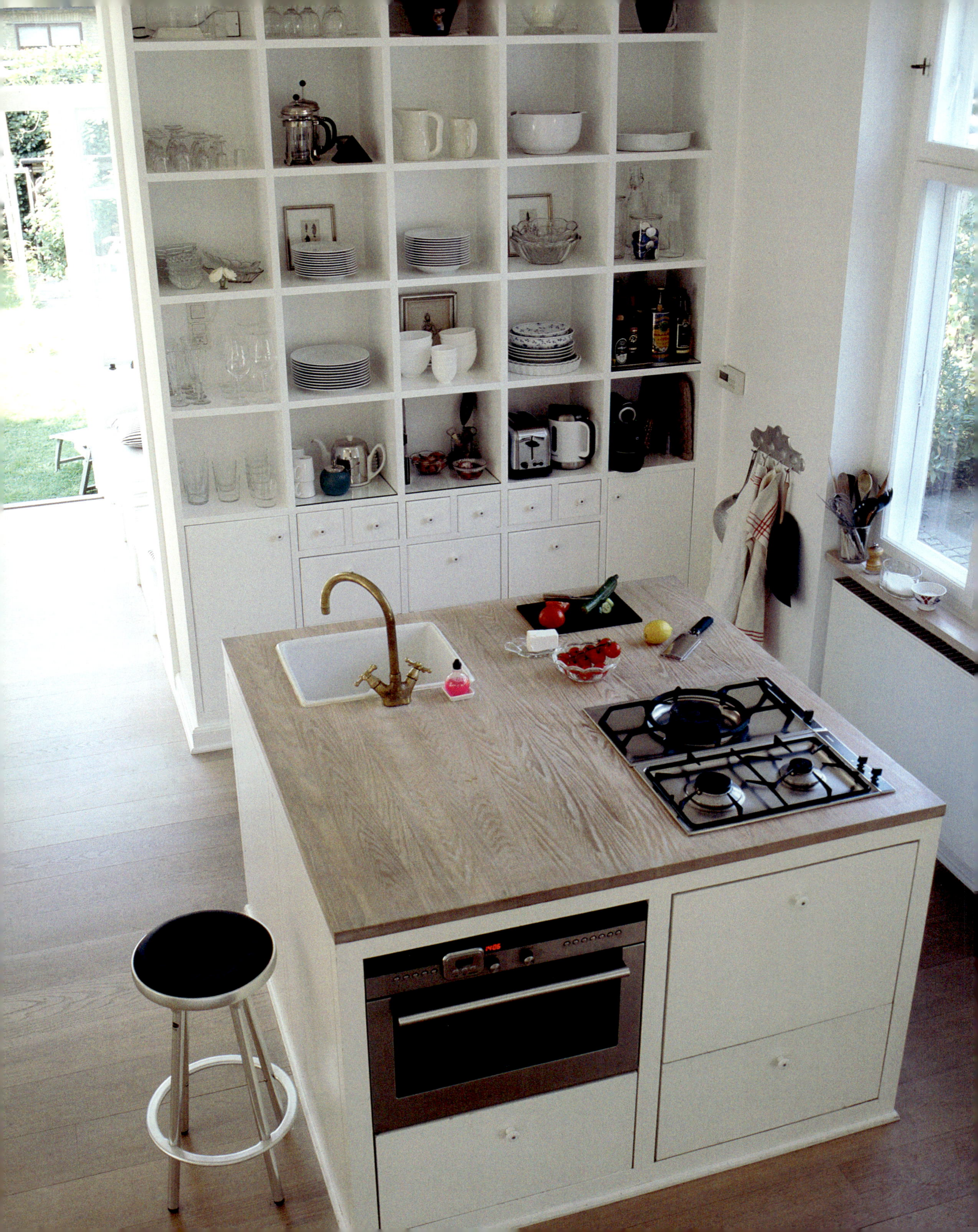

Zeitgenössisch

Im quadratischen Küchenblock verstecken sich ein Herd, eine Geschirrspülmaschine sowie Fächer für Töpfe und Pfannen. Das hohe Regalsystem stammt aus derselben Werkstatt wie die maßgefertigte Bibliothek im Wohnzimmer. „Ich finde es ästhetischer, wenn alle Einbauten in einem Haus ein und dieselbe Handschrift tragen", erklärt Hélène.

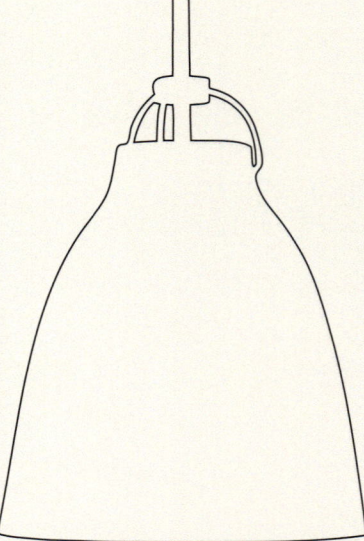

Breite Durchbrüche sowie das durchgängige Parkett lassen die hohe Raumarchitektur noch luftiger und weitläufiger erscheinen.

NORDIC *LIVING* 109

Das Elternschlafzimmer verfügt über zwei französische Balkone: Einer gibt die Sicht auf die darunter liegende Terrasse und das Grundstück frei, vom anderen kann man das nahe gelegene Meer sehen. „Als die Kinder noch kleiner waren, habe ich mich mittags manchmal aufs Bett zum Ausruhen gelegt und ihnen beim Spielen im Garten zugesehen", erzählt Hélène. Naturbelassene Antiquitäten lockern die moderne Strenge des schwarzen Betts auf.

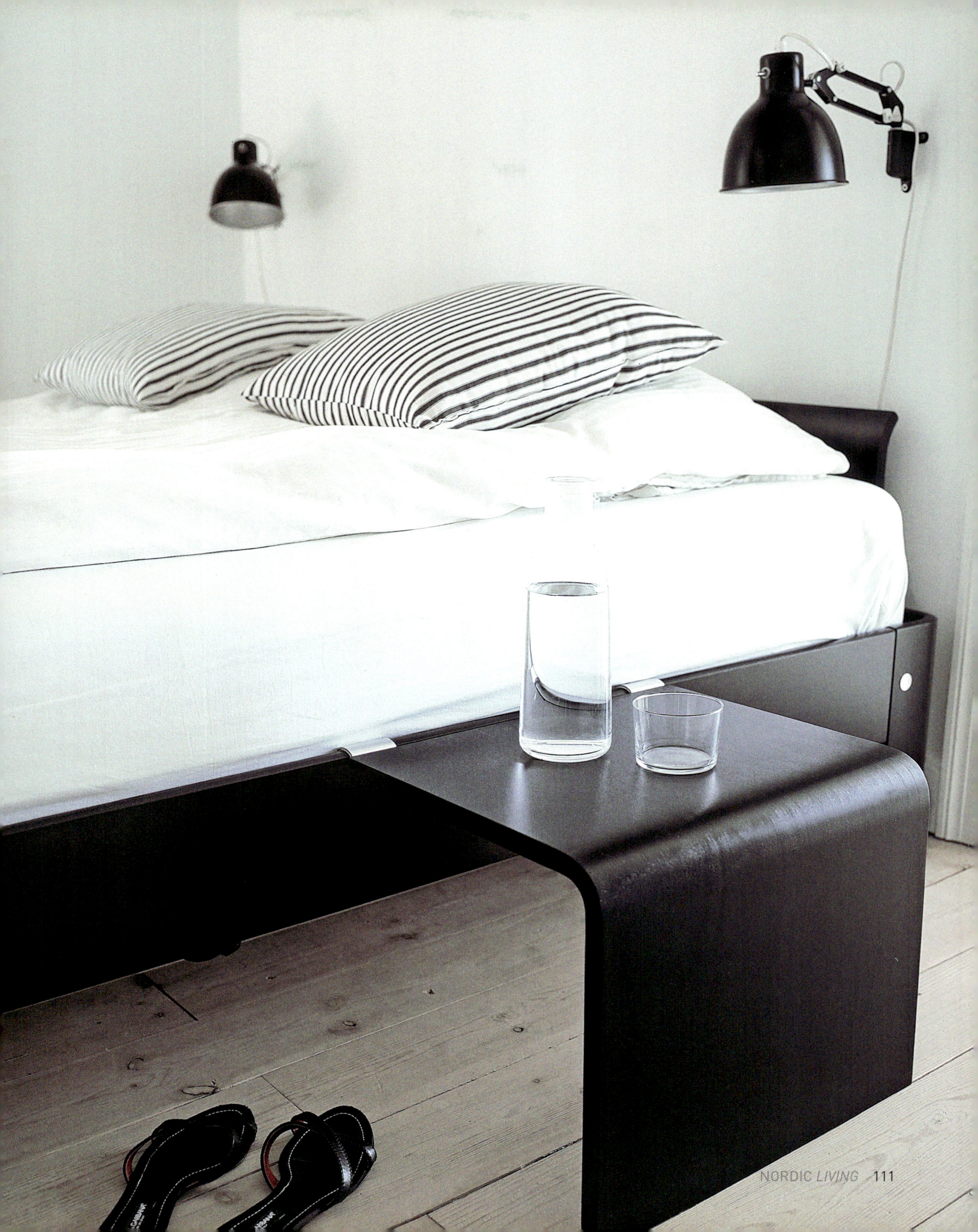

Sitzen

„Ein Stuhl ist erst dann ein Stuhl, wenn sich jemand draufsetzt."

Hans J. Wegner

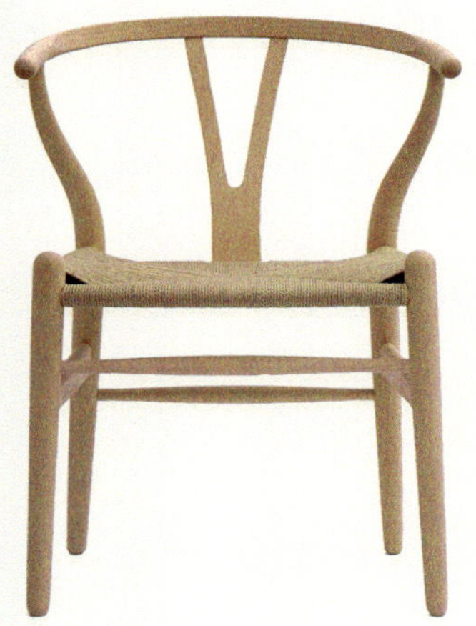
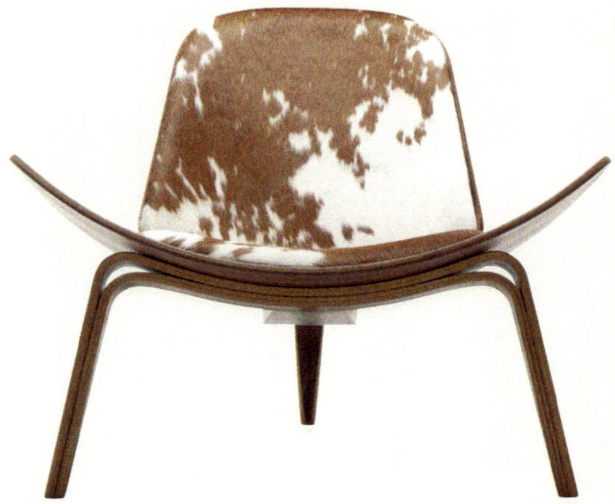
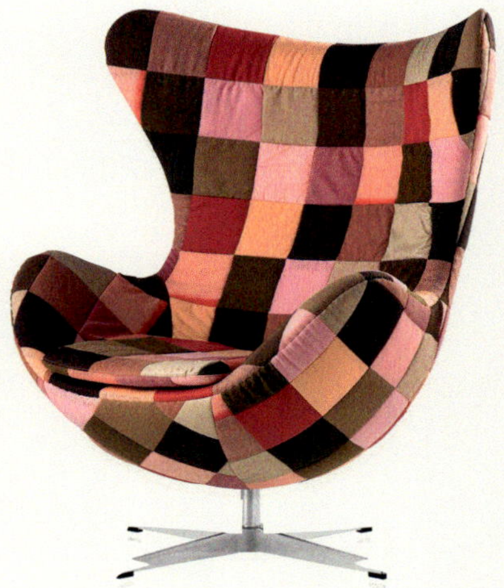
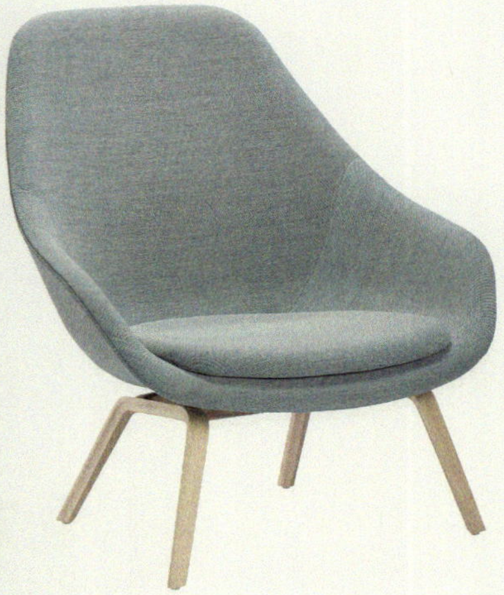
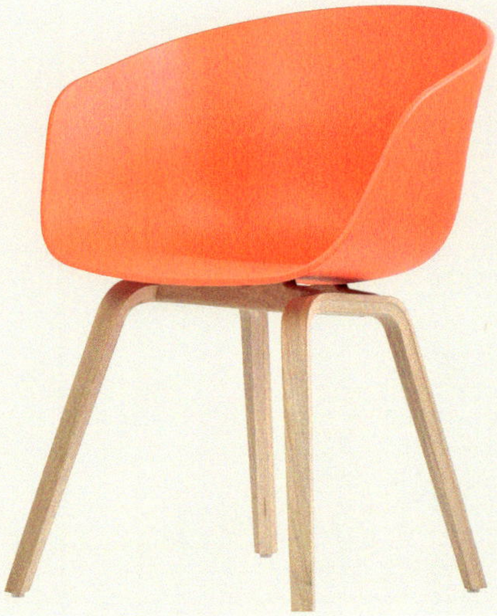
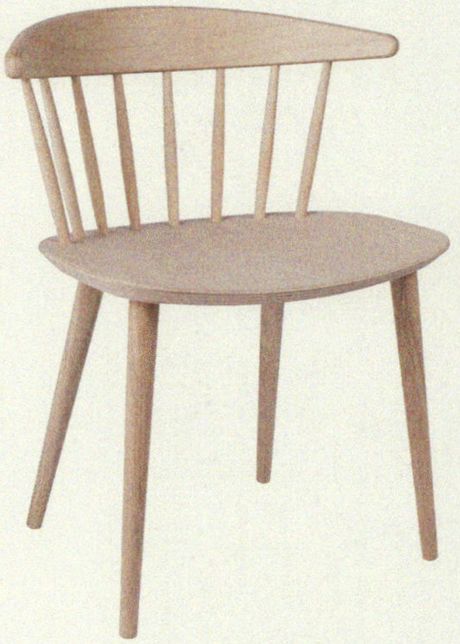
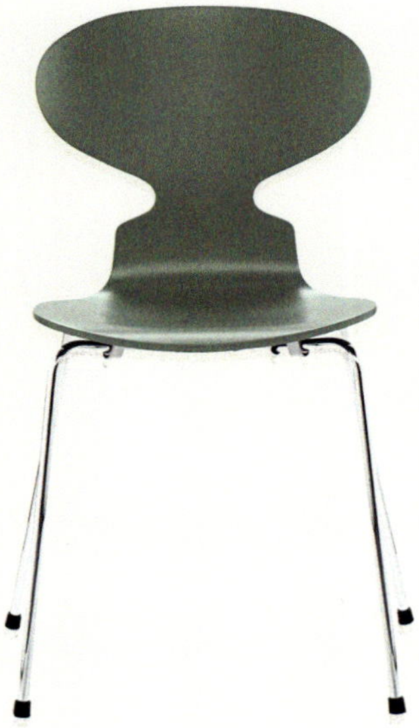
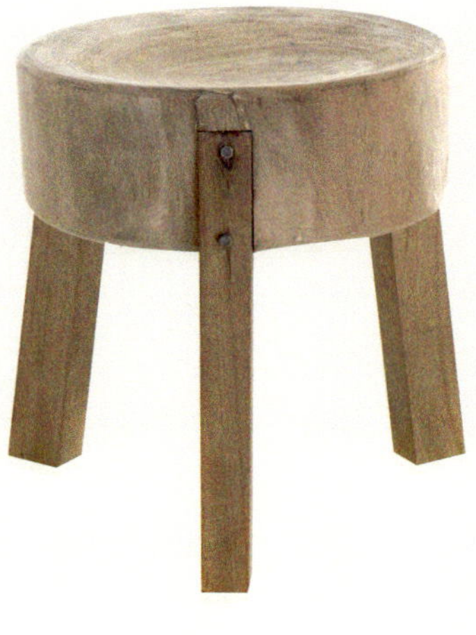
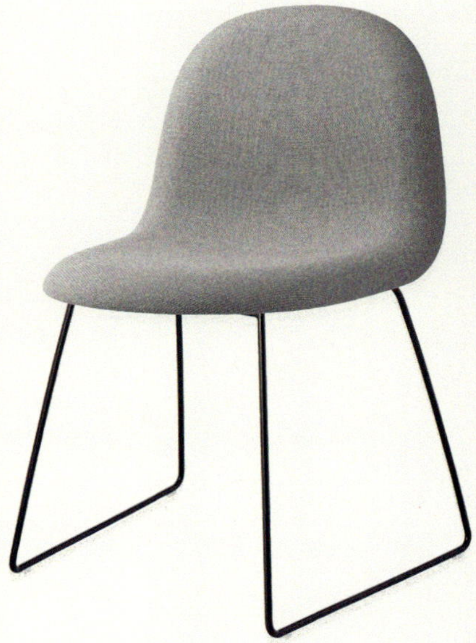

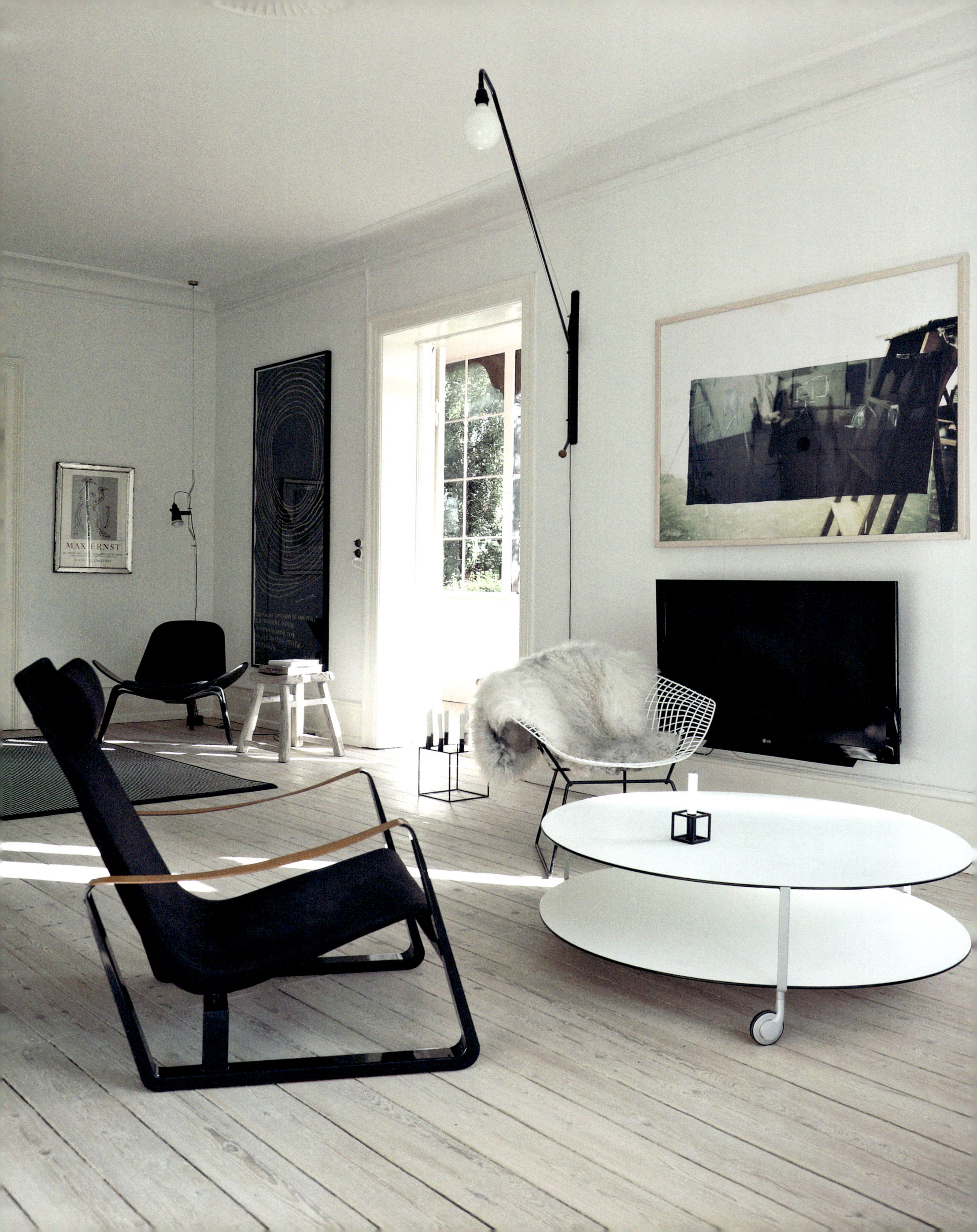
MAX ERNST

Gentofte

Backsteinvilla in bester Lage

Eine moderne Patchworkfamilie benötigt besondere Rahmenbedingungen, vor allem, wenn man unter einem Dach wohnt. „Mads und ich haben beide schon erwachsene Kinder, aber nur mein Sohn Oskar wohnt noch hier", erzählt Tina. „Dafür sind die anderen gern bei uns in Gentofte zu Besuch, auch Freunde kommen oft vorbei. Darum wollten wir ein Haus mit genügend Unterbringungsmöglichkeiten." Jede Menge Platz bietet die schmucke Villa in Klinkeroptik allemal. Die vielen Zimmer sind weitläufig und lichtdurchflutet, im Keller gibt es einen Hobbyraum und sogar eine Werkstatt. Auch der Garten kann sich sehen lassen: Alte Laub- und Obstbäume strukturieren die parkähnliche Anlage, die von einer breiten Holzterrasse wunderbar überblickt werden kann.

16
SANDHEDER I
SEKUNDET
TORPEDOHALLEN/HOLMEN 10. APRIL - 1. MAJ 199
MUSIK OLE SCHMID
BILLETNET: 33 93 62 00
TEATER TANGO

7

GRAFISCHE PLAKATKUNST VERLEIHT JEDEM ZIMMER EINE INDIVIDUELLE PERSÖNLICHKEIT

Die helle Wohnküche, die von Architekt Nils Fagerholt entworfen wurde, öffnet sich zum Garten hin. Das Gestaltungs-Highlight ist die aufwendig konzipierte Arbeitsplatte aus Corian. „Das innovative Material steht im visuellen Kontrast zum alten Refektoriumstisch", sagt Tina. „Genau das macht Wohnen erst spannend, wenn Alt und Neu aufeinandertreffen."

Warum Tina und Mads ein echtes Faible für Design-Klassiker haben?. „Es ist wie eine Sucht – wenn man einmal angefangen hat, schöne Möbel zu sammeln, kann man nicht mehr damit aufhören …"

NORDIC *LIVING* 119

„Die Auflistung unserer Möbel im Wohnzimmer liest sich wie das Who is who der Design-Szene," lacht Tina. Hinter dem Couchtisch Giro von Zanotta macht sich der graue Dreisitzer von Erik Jørgensen breit. Der schwarze Sessel Cité von Jean Prouvé bildet mit dem Wire Chair von Harry Bertoia, der sich unter dem langhaarigen Fell verbirgt, eine Allianz. Die Leuchte Potence von Vitra ragt mit einer Spannweite von zwei Metern in den Raum.

Privater Showroom

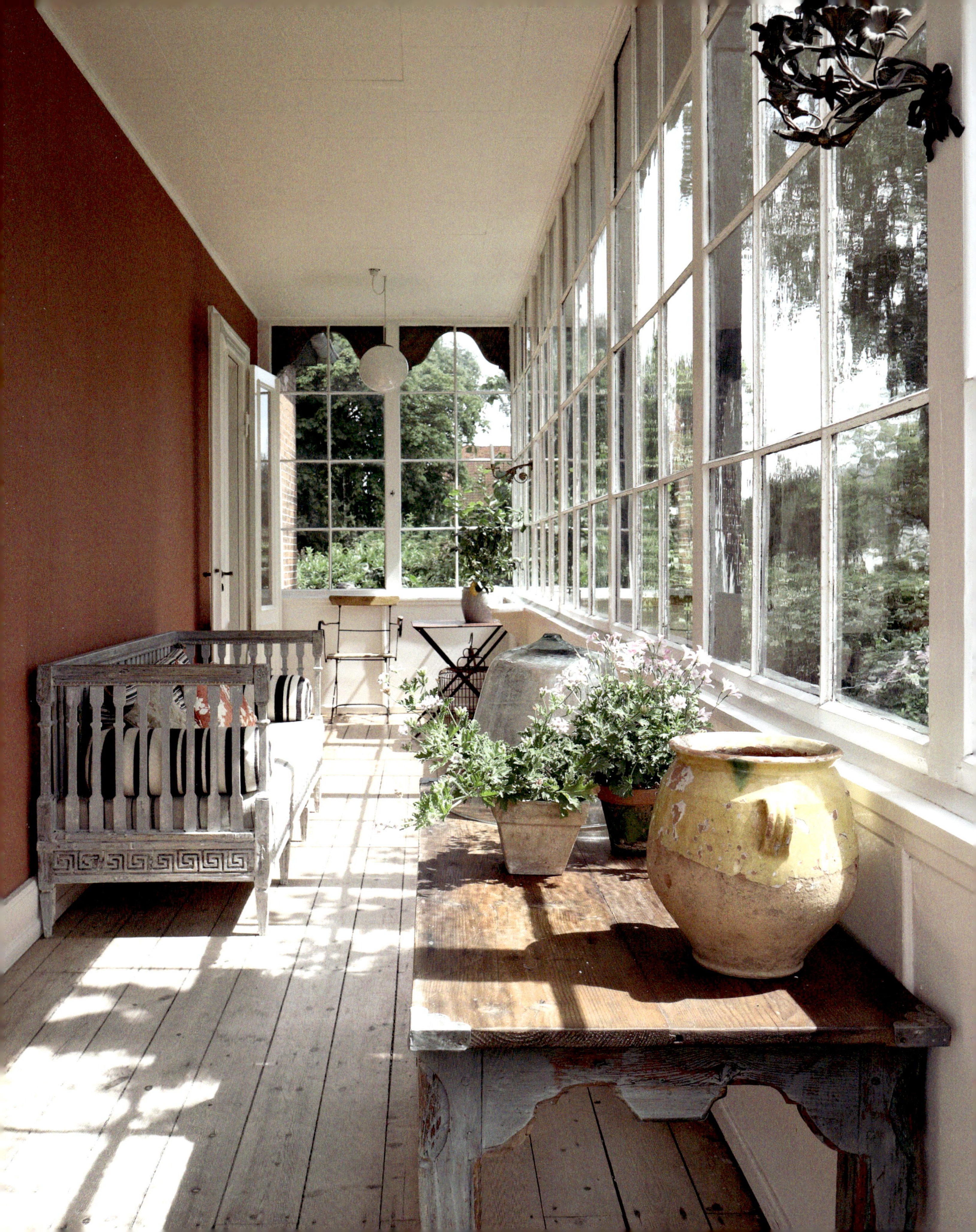

Tina und Mads lieben ihren Garten. „Wir sitzen gerne auf unserer Terrasse in der Sonne! Hier finden wir die nötige Erholung, die wir in unserem bunten Alltagsleben brauchen..."

Garten

„Aus den Träumen des Sommers wird im Herbst Marmelade gemacht." Peter Bamm

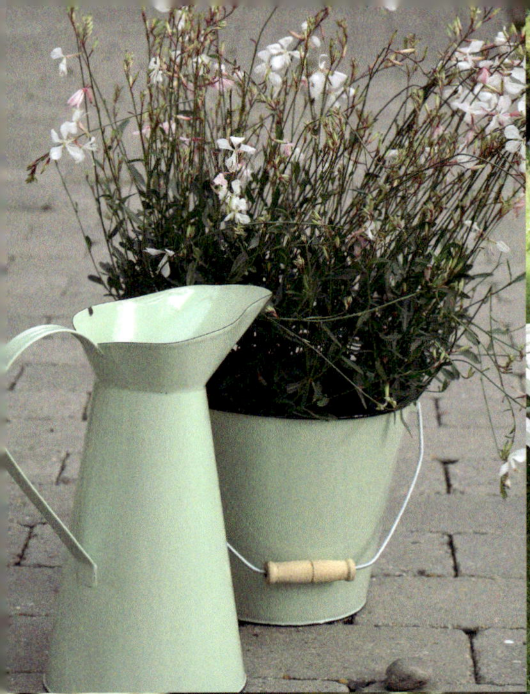
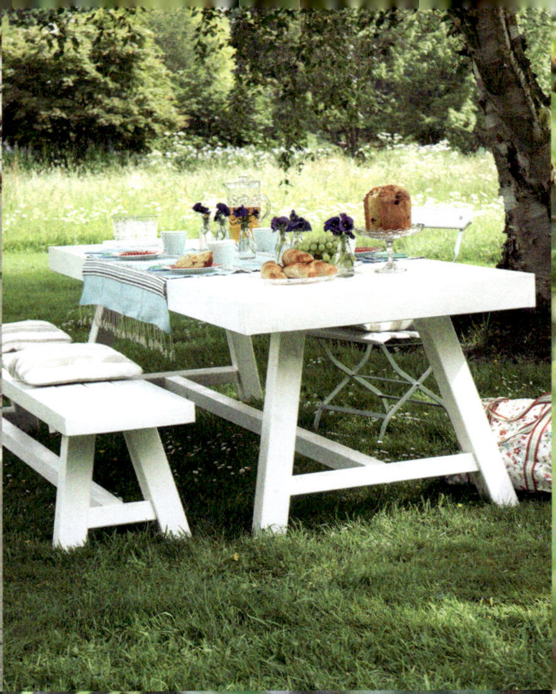
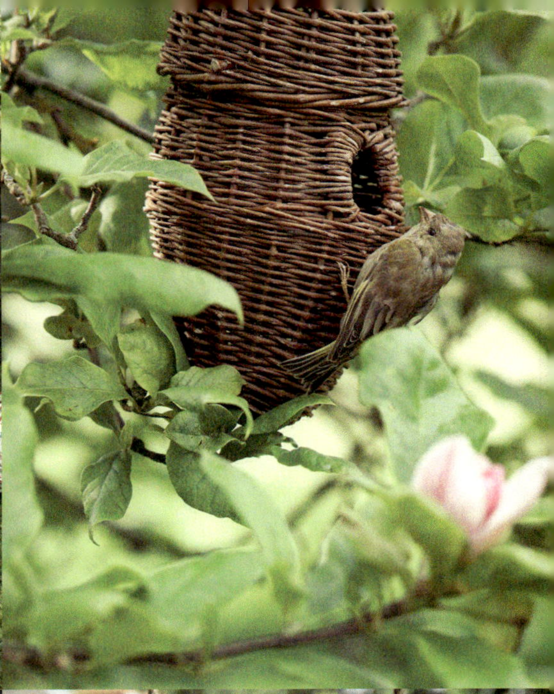
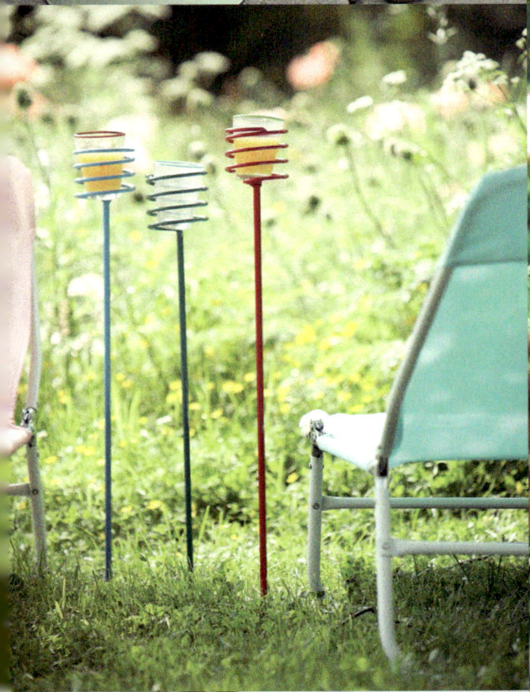
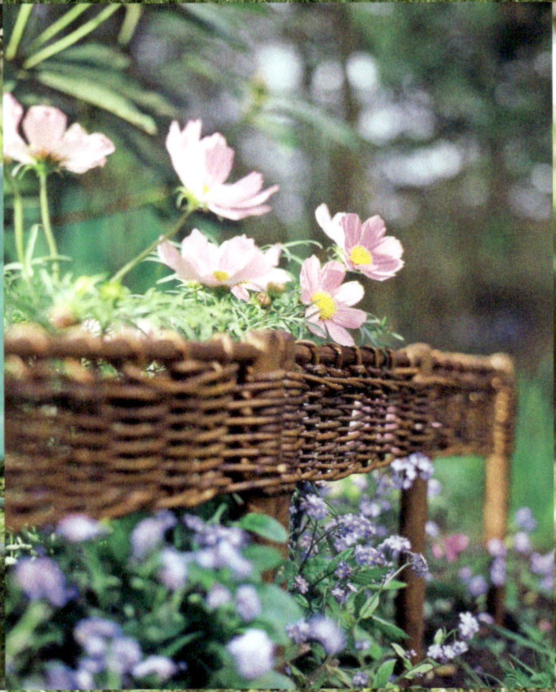
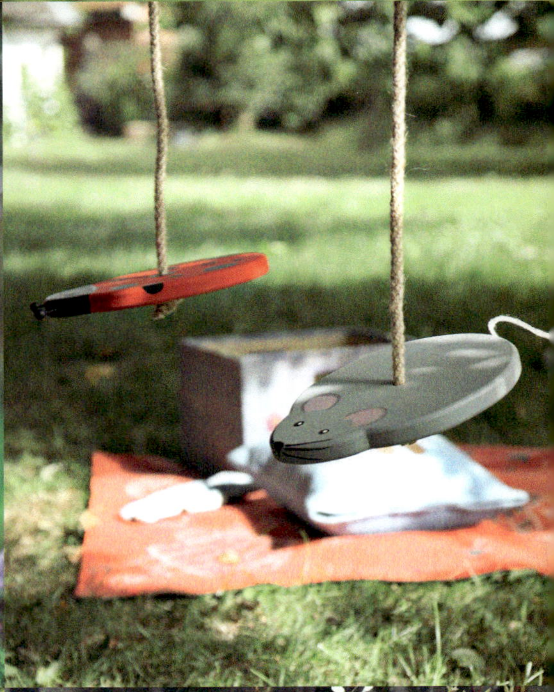
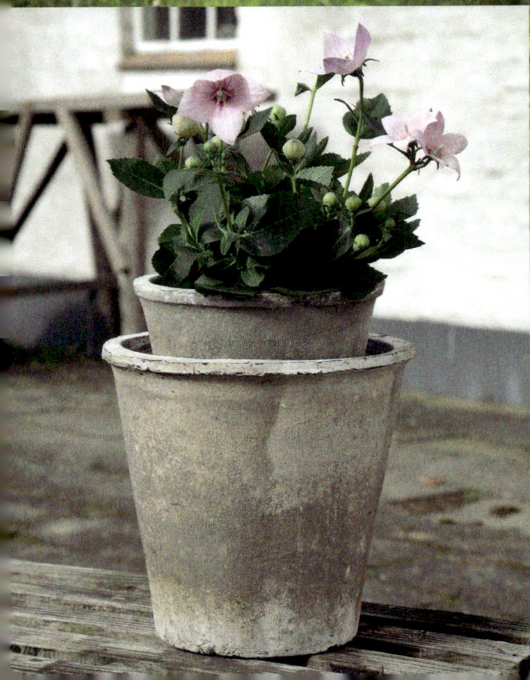
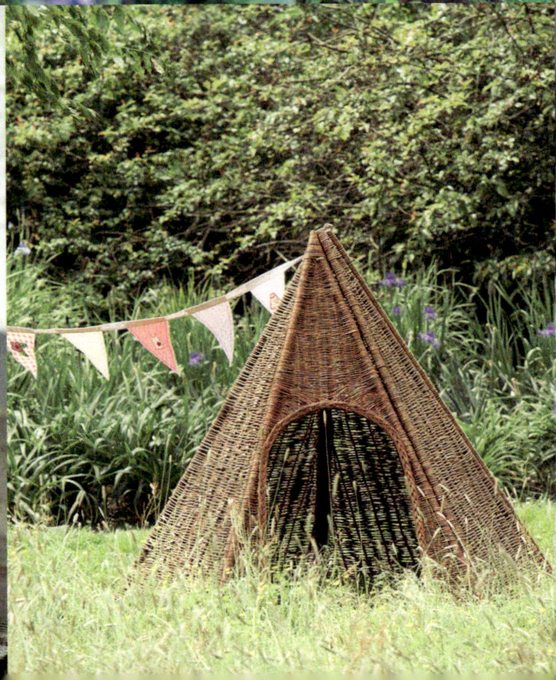
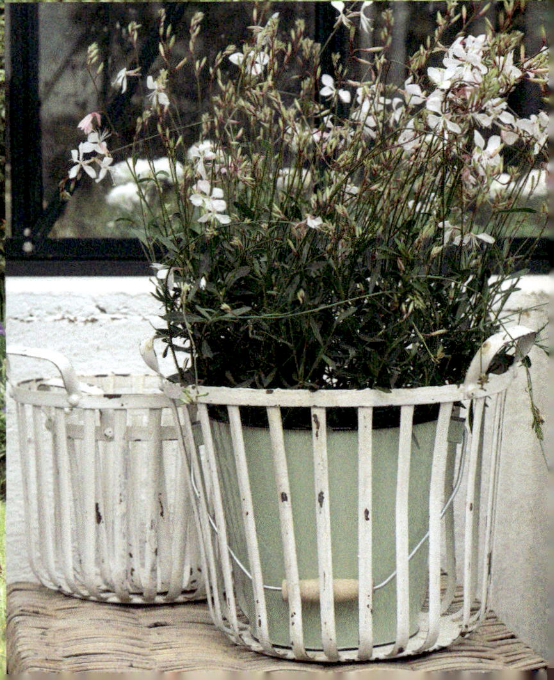

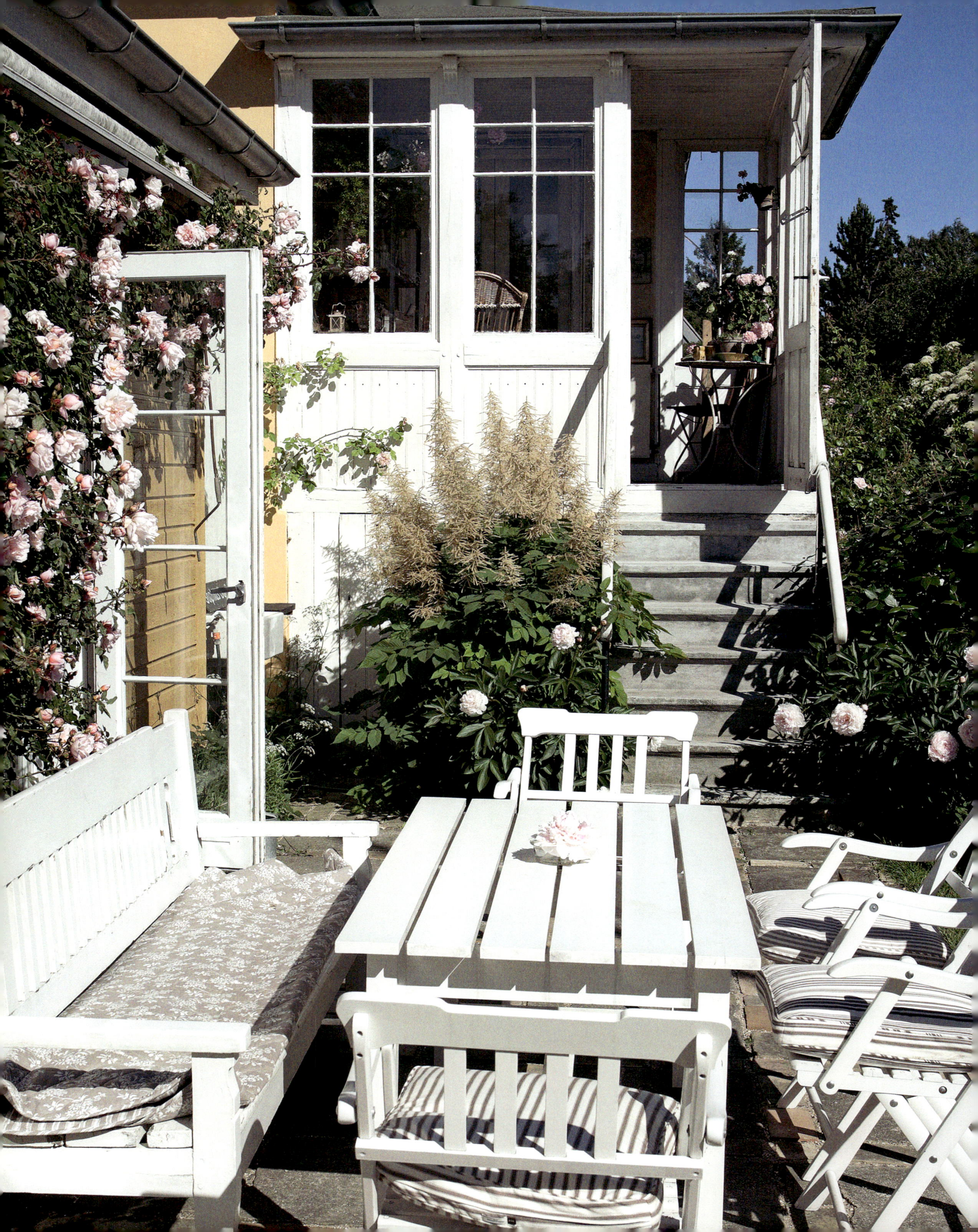

Seeland
Leben im Blumenmeer

Zwischen Ostseestrand und Waldabschnitt versteckt sich in einem kleinen, charmanten Villenviertel das von Kletterrosen umrankte Domizil von Gitte und Peter. Ursprünglich stand auf dem idyllischen Grundstück in Seeland nur ein Bungalow, doch als Kind Nummer drei geboren war, entschied sich die Familie zu einer Erweiterung. „Wir hatten einfach zu wenig Platz, da unser Haus ebenerdig ist", erzählt Gitte. In den neuen Trakt wanderten Küche, Esszimmer und Bad, während im Altbau die persönlichen Räume blieben. Für das Zusatzrefugium suchten Gitte und Peter originale Fenster und Türen sowie alte Kiefernholzböden bei umliegenden Baustoffhändlern, um den natürlichen Charme beizubehalten. Der Wintergarten im Erker des Haupthauses wurde im gleichen Stil integriert. „Heute wirkt alles so, als hätte unser Zuhause schon immer so dagestanden", freut sich Gitte.

Die erweiterte Kellertreppe verbindet das Haupthaus mit dem lichtdurchfluteten Nebenbau, in dem sich die große gemütliche Wohnküche befindet. „Von der Küche kann man direkt in den Garten gehen", sagt Gitte und fährt glücklich fort: „Beim Kochen und Gärtnern können Peter und ich so richtig abschalten. Um so schöner ist es, dass beide Bereiche in unserem Zuhause so nahe beieinander liegen." Praktisch ist auch der kleine Wintergarten, in dem die Pflanzen überwintern können.

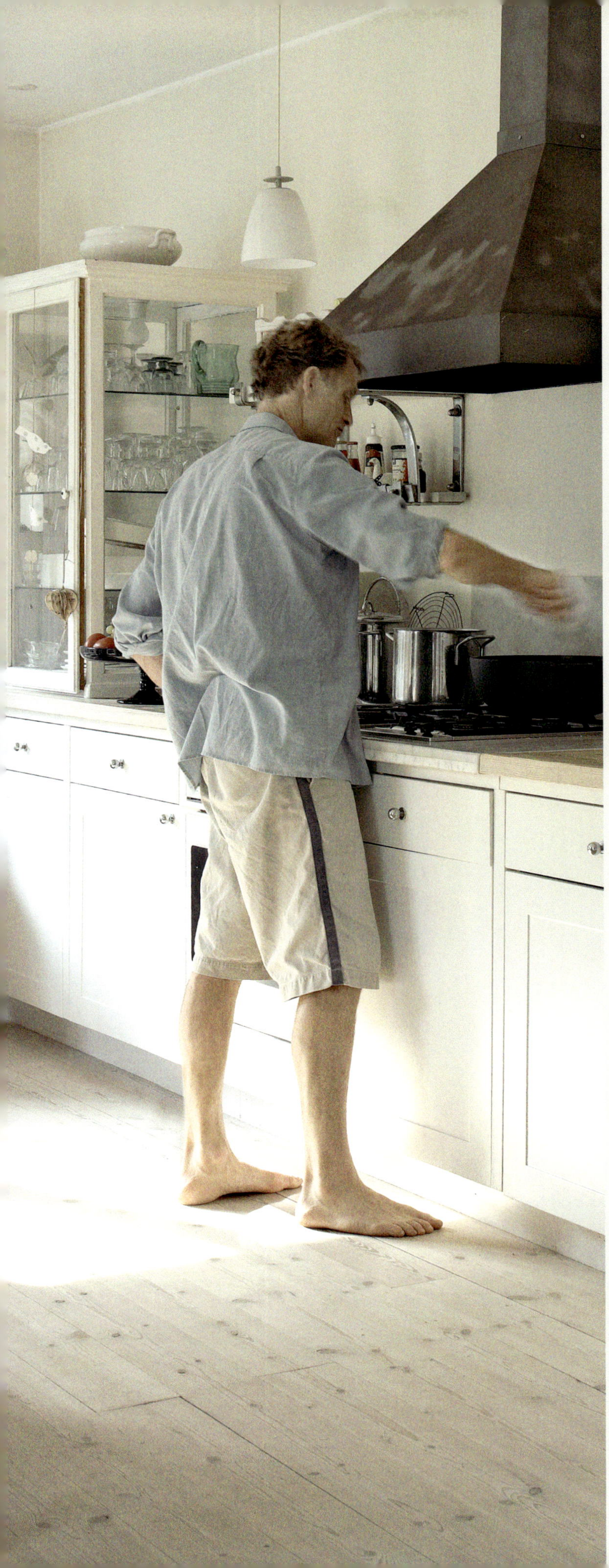

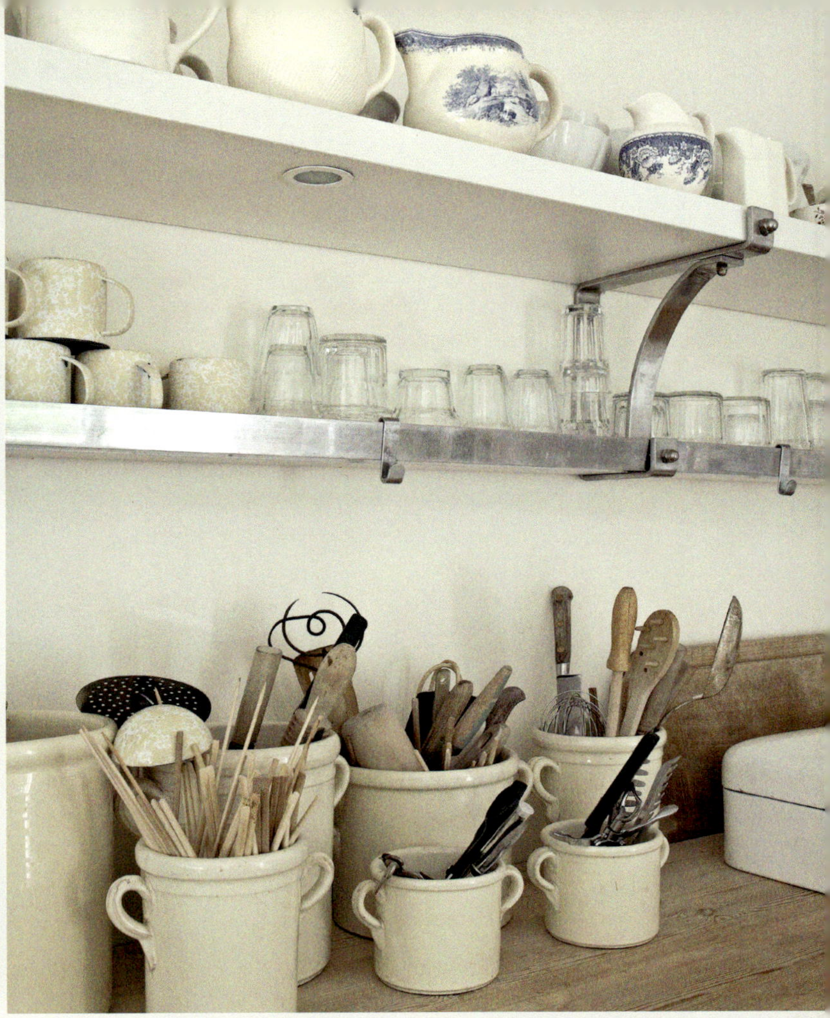

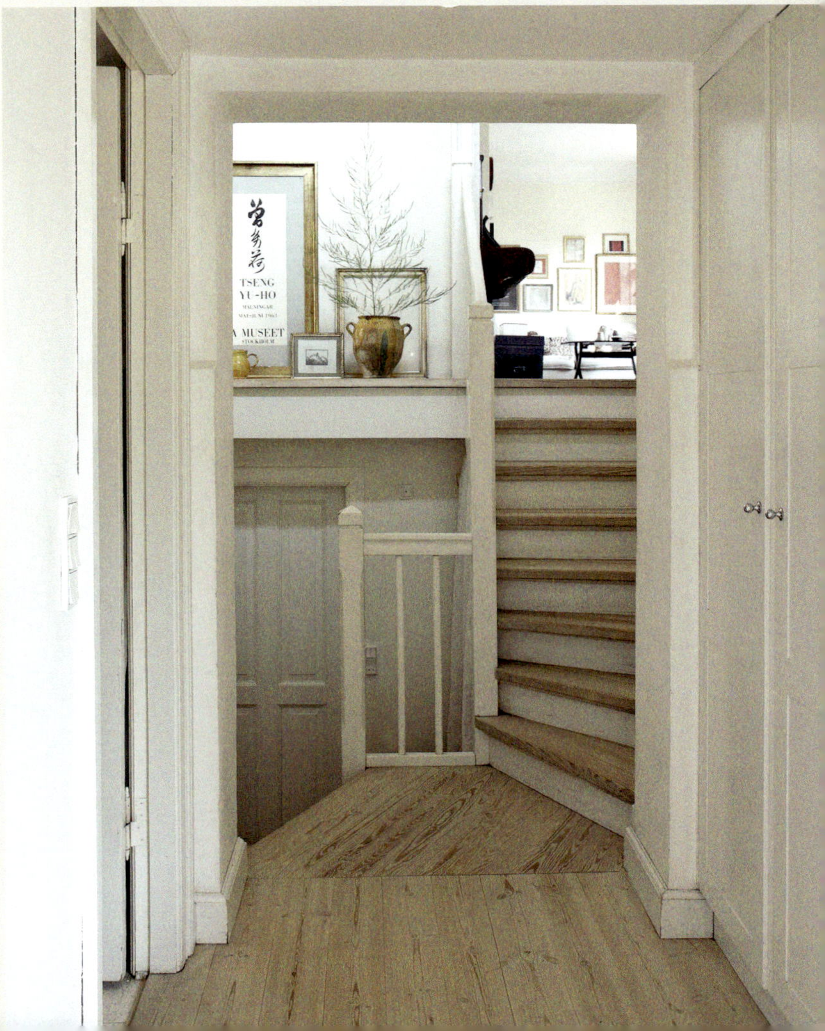
TSENG
YU-HO

Wohnküche mit nordischem Charme

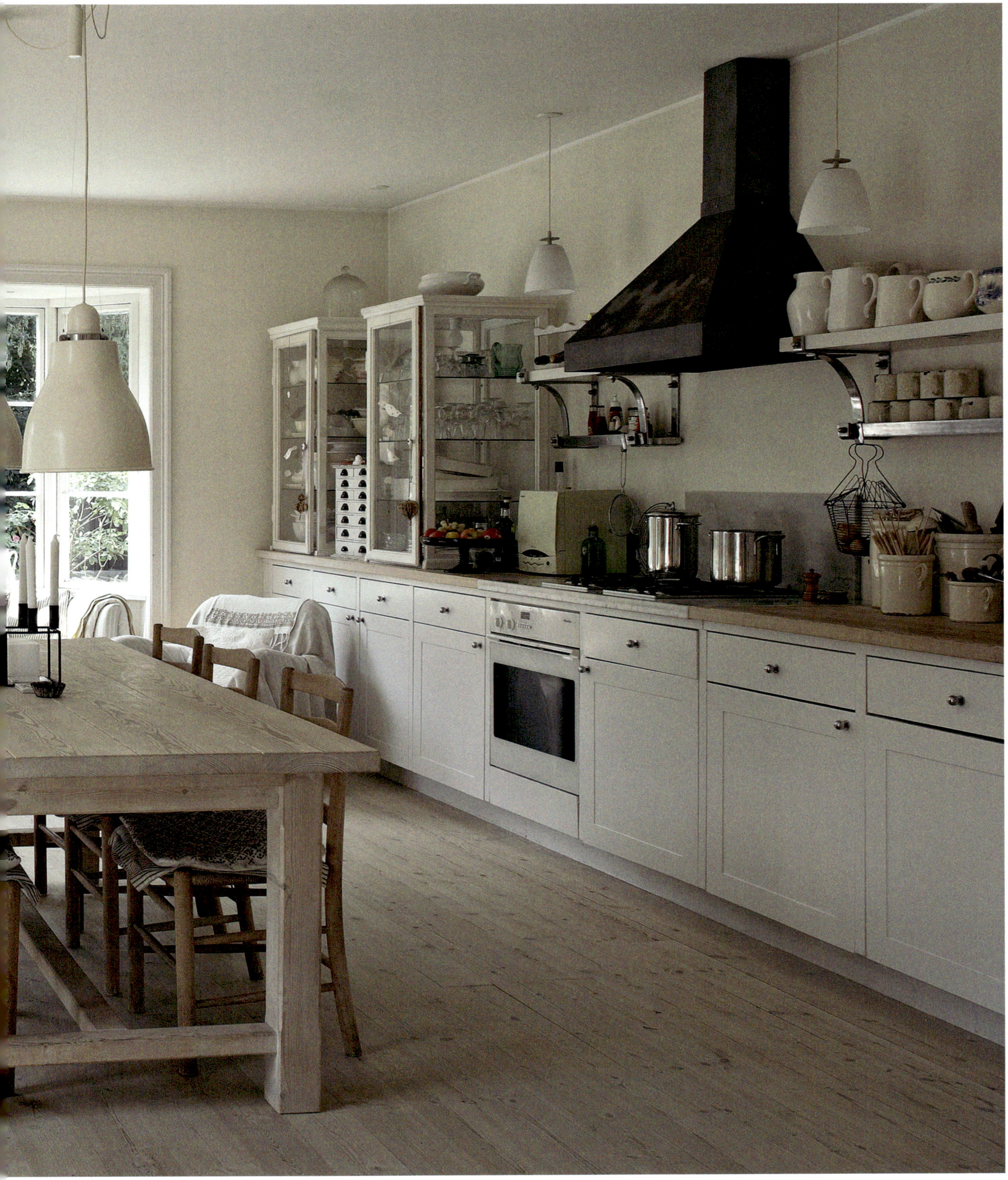

Freddie
MALERI-TEGNINGER
7.-28. OKTOBER 1977
CENTRE GRAPHIQUE - J. CHR. SØRENSEN
NØRREGADE 35 - 9800 HJØRRING

Viele der Kunstdrucke und Gemälde im Haus stammen vom dänischen Künstler Mats Bergquist aus der Kopenhagener Galerie Weinberger. „Das Klavier habe ich schon seit meiner Kindheit", erzählt Gitte. Wie auch viele der anderen Stücke in Gittes Arbeitszimmer. Die Stylistin und Fotografin findet hier die nötige Inspiration für ihre kreative Arbeit. „Ich bin viel unterwegs und brauche einen Ort, der mich erdet." Die warmen Naturtöne vermitteln zusätzlich das Gefühl von Harmonie und Geborgenheit.

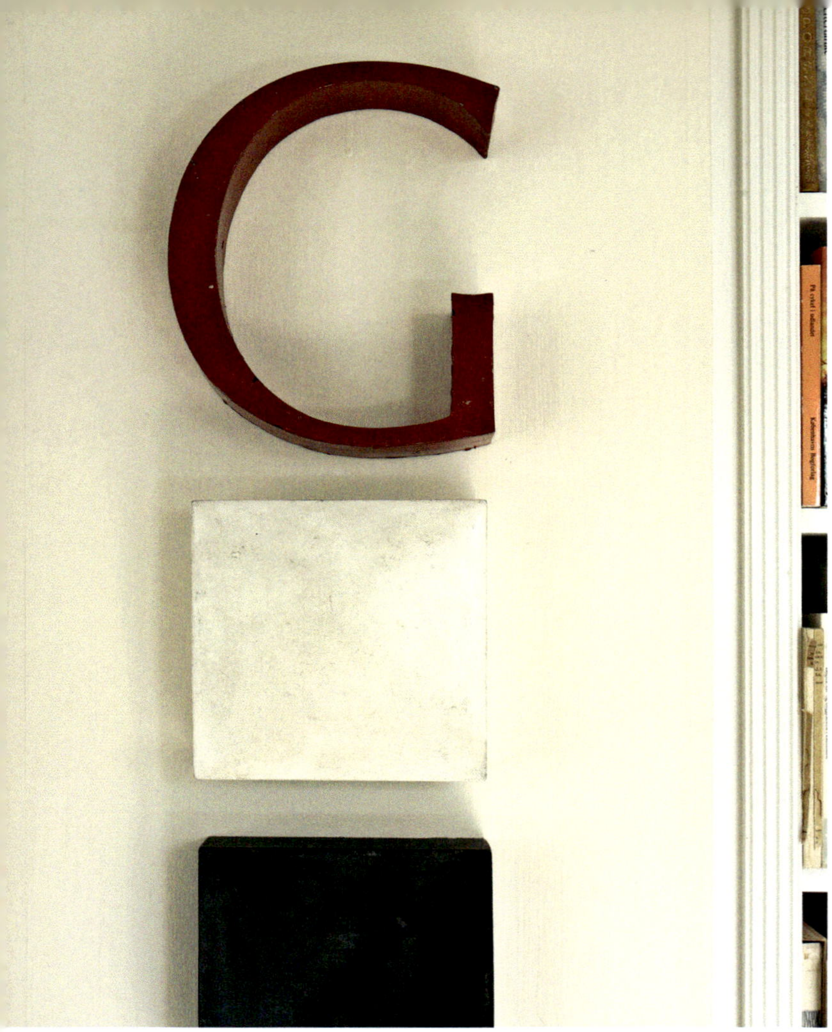
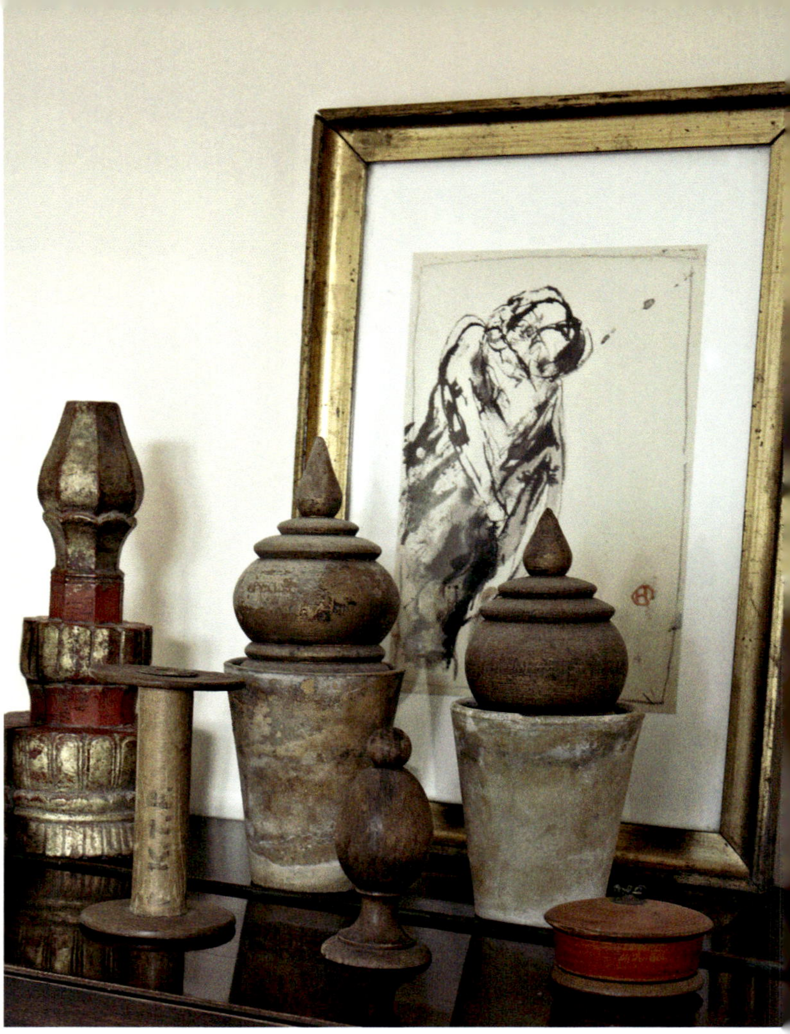
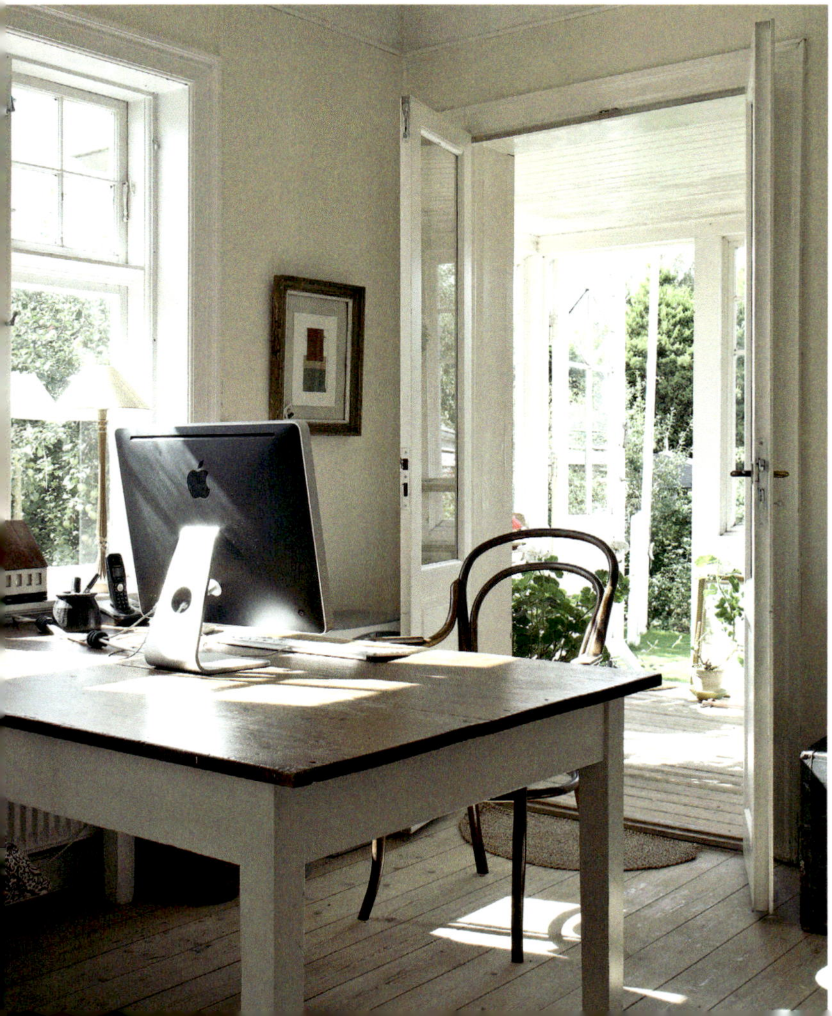
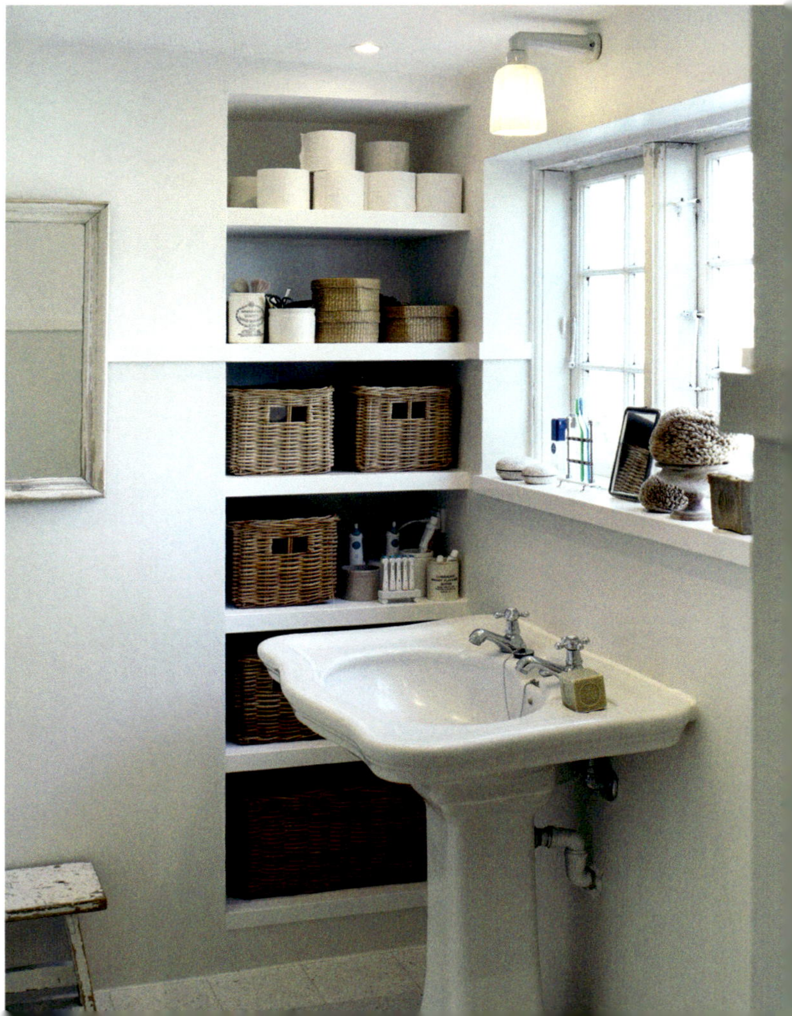

Natürlichkeit drinnen und draußen

Die französische Tagesdecke von Fil de Fer mit edlem umlaufenden Hohlsaum ist aus Leinen. „Ich umgebe mich gerne mit Materialien, die eine Textur haben und die findet man meistens in der Natur", sagt Gitte. Ihr grünes Wohnzimmer kann sie direkt vom Schlafzimmer aus betreten.

Natur

„Gegenstände mit natürlichem Design senden natürliche Signale aus, die eindeutig interpretierbar sind.

Donald A. Norman

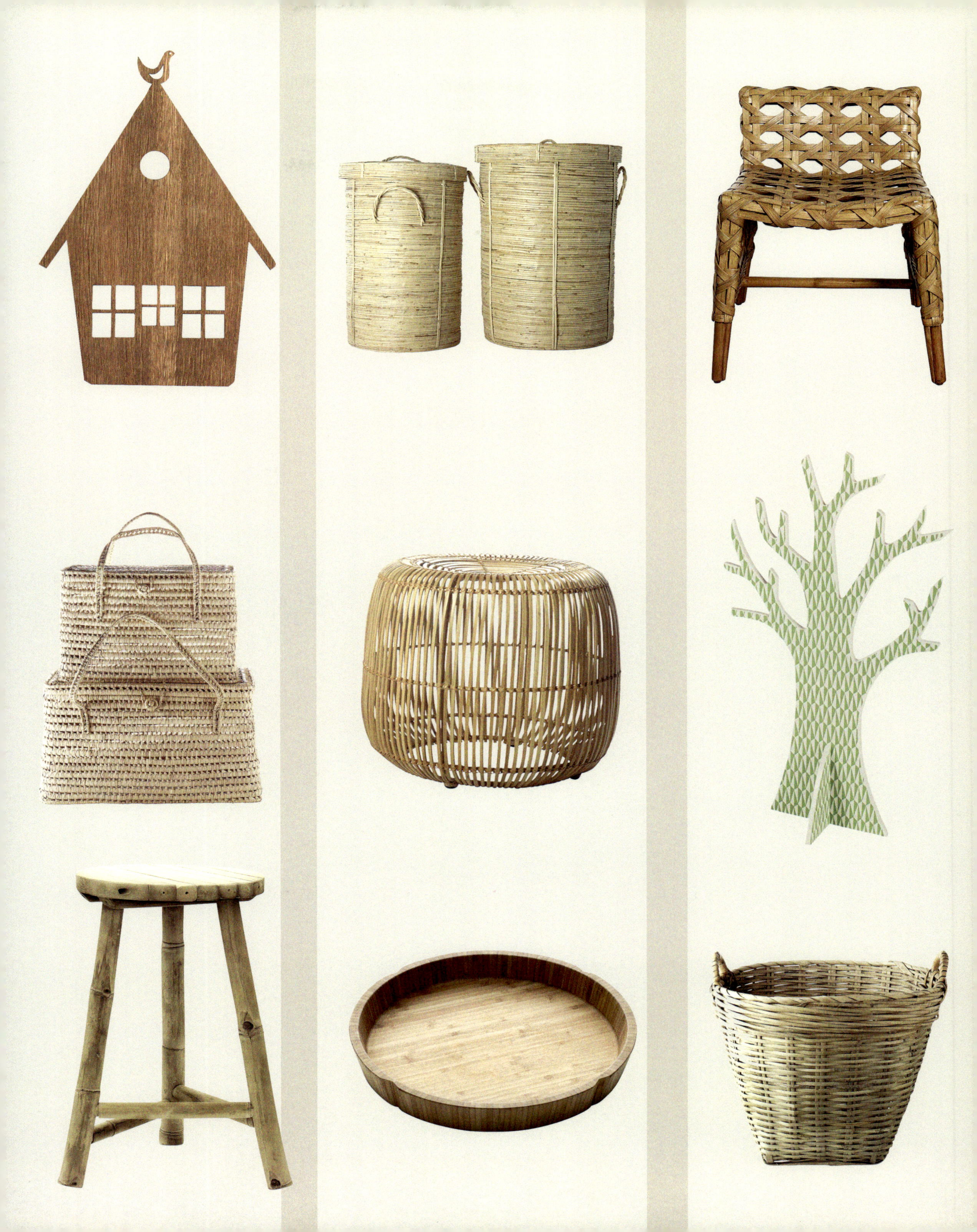

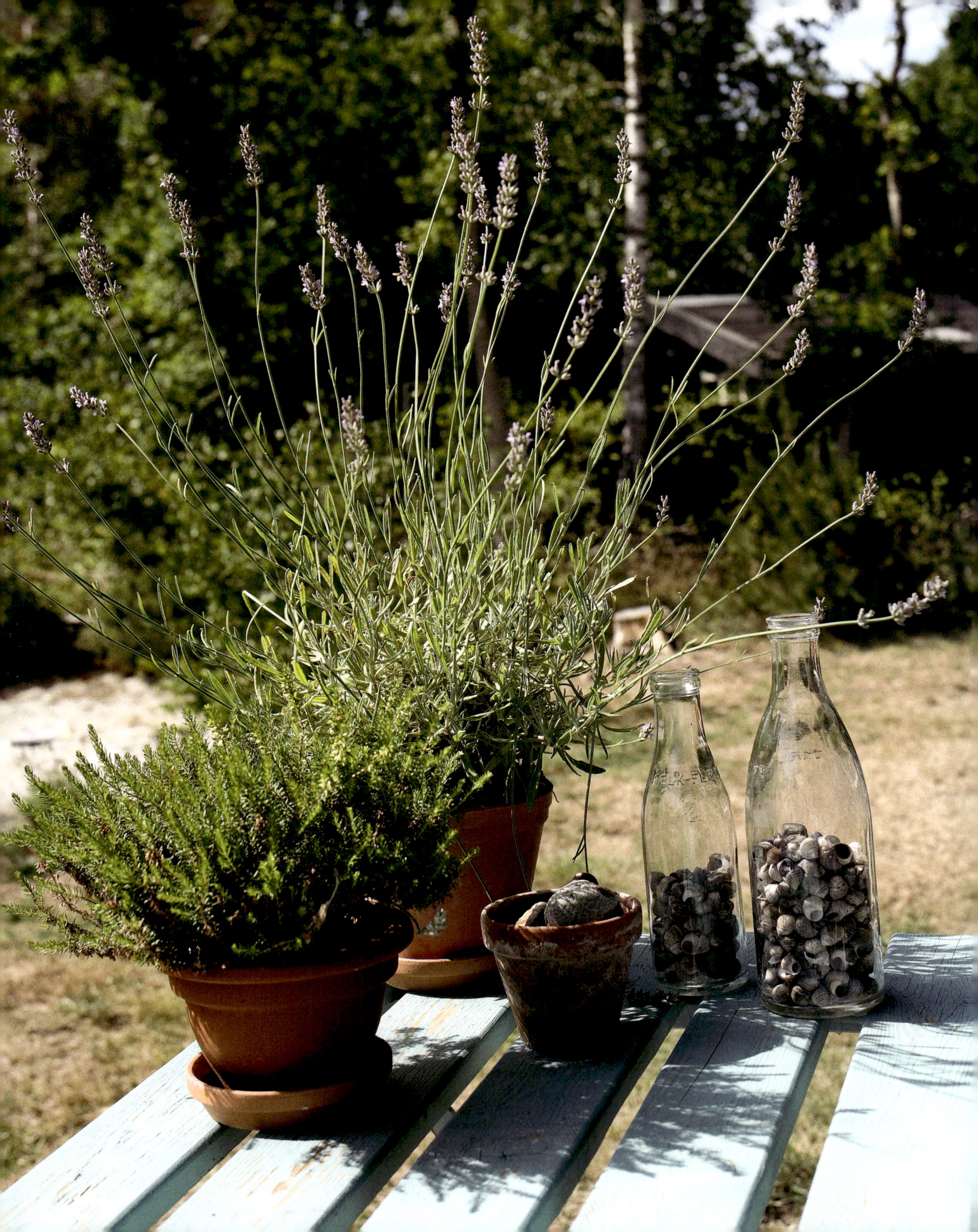

Rørvig
Sommerfeeling das ganze Jahr

Die Sommerferien verbrachte Marianne in ihrer Kindheit auf der Insel Langeland in der Region Syddanmark. „Es war eine herrlich unbeschwerte Zeit, an die ich mich gerne zurückerinnere", sagt Marianne. „Als ich eine eigene Familie mit Jesper gründete, war klar: Ich möchte ein eigenes Wochenendhaus am Meer!" Auf dem Isefjord Rørvig wurden sie schließlich fündig. „Die Luft riecht nach Salz und auf dem Markt kann man Obst und Gemüse direkt von einem der umliegenden Bauernhöfe kaufen", schwärmt Marianne. Das L-förmige, schwarze Blockhaus wurde von ihr und Jesper eigenhändig auf den neuesten Stand gebracht. „Wir haben alles gut isoliert, damit wir hier auch im Winter unsere freie Zeit verbringen können", erklärt die Dänin. „Ein Strandtag erfüllt mich mit mehr Lebensfreude als alles andere!"

Die offene Gartenküche mit funktionalem Gasgrill ist Jespers Lieblingsplatz. „Wie alle Männer liebt er den Geruch von brutzelnden Steaks", lacht Marianne. Die praktischen Fronten aus schwarzem Segeltuch hat sie eigens für die selbst konzipierte Kochgelegenheit bei einem Segelmacher anfertigen lassen. „Mich haben die Schiffe im Hafen von Rørvig dazu inspiriert." Das legere Innenleben des Freizeitdomizils ist ebenfalls maritim inspiriert.

Warum Marianne Korbmöbel
so liebt? „Sie sind für mich der
Inbegriff von Lässigkeit …"

142 NORDIC *LIVING*

Weiß und Blau sind die Farben der Küste

Ihren Shabby Chic Look kombiniert Marianne leger mit modernen Designerstücken wie dem Treteimer von Vipp in der Wohnküche. Von den langen Strandspaziergängen bringt die Familie oft kleine Souvenirs mit. „Muscheln, Steine und Treibholz eignen sich ganz wunderbar als natürliche Dekoration", sagt Marianne.

Marianne setzt den Fokus bei der Auswahl ihrer Möblierung und Accessoires auf das Wesentliche. „Dinge müssen nicht teuer sein – man kann sich mit ganz einfachen Mitteln toll einrichten", betont sie. „Zum Beispiel habe ich im Flur eine Leine aufgespannt, an die ich Postkarten, wichtige Notizen und andere Infos griffbereit aufhänge. Das ist praktisch und sieht zudem hübsch aus!" Wie auch andere Ideen: Eine Holz-Stehleiter dient als Bücherregal, ein Tablett-Tisch als Nachtkästchen.

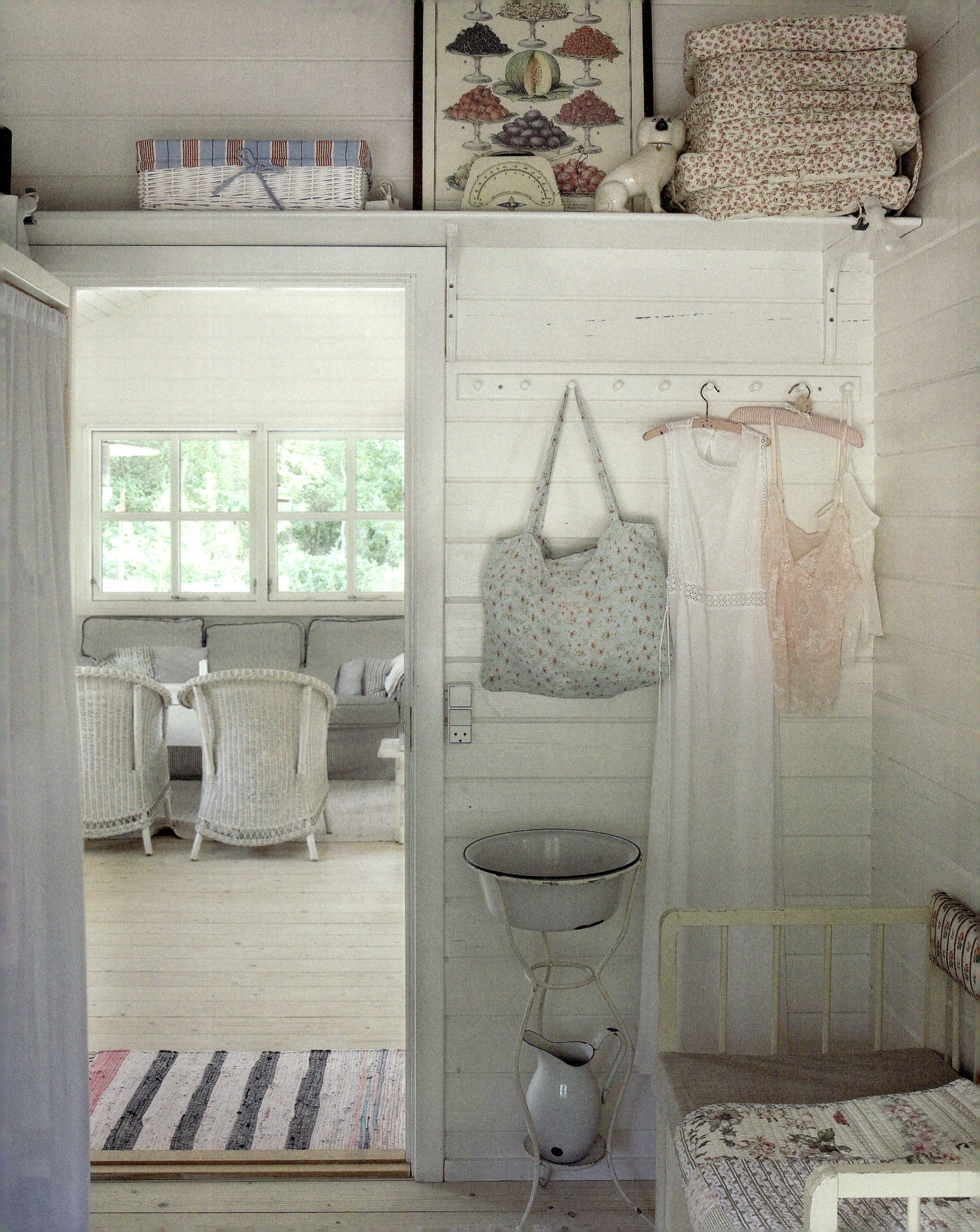

Ordnung

„Wir brauchen Stauräume, kleine und große, um dem Interieur die nötige Luft zum Atmen zu lassen."

Marion Hellweg

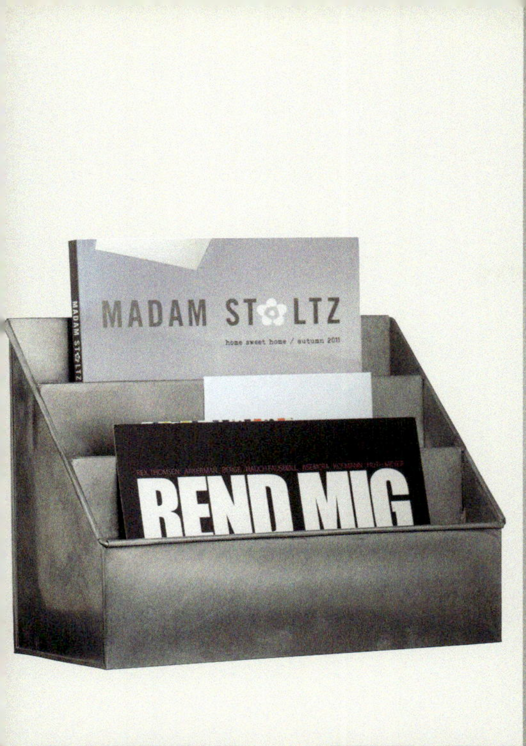
MADAM STOLTZ
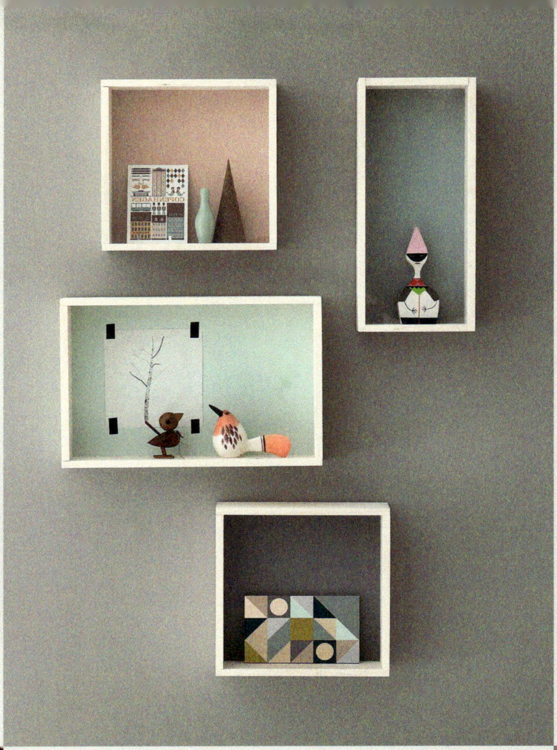
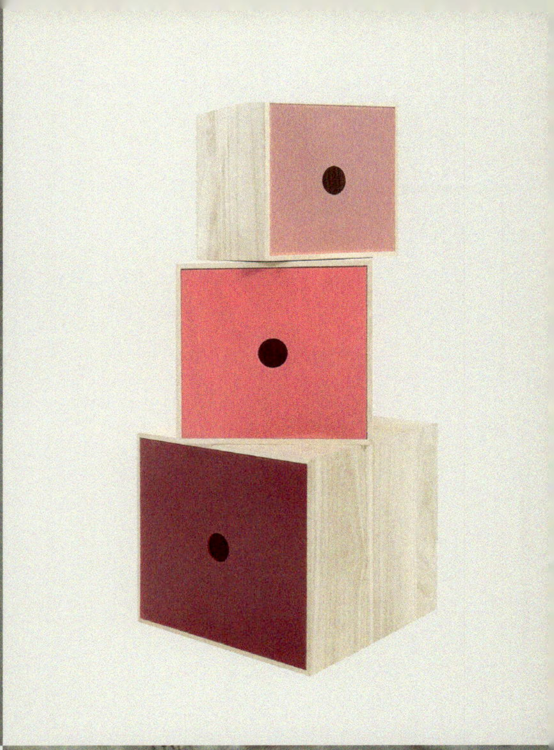
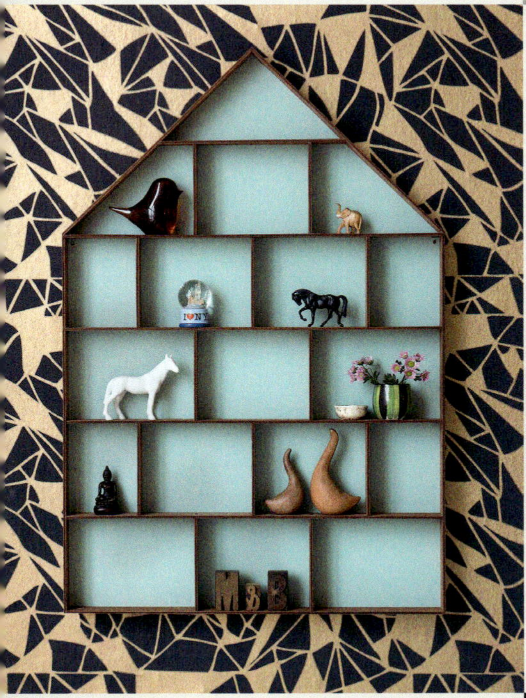
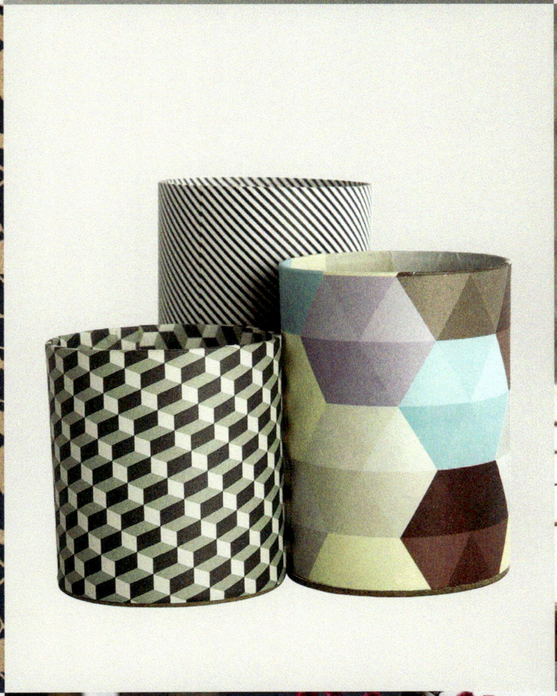
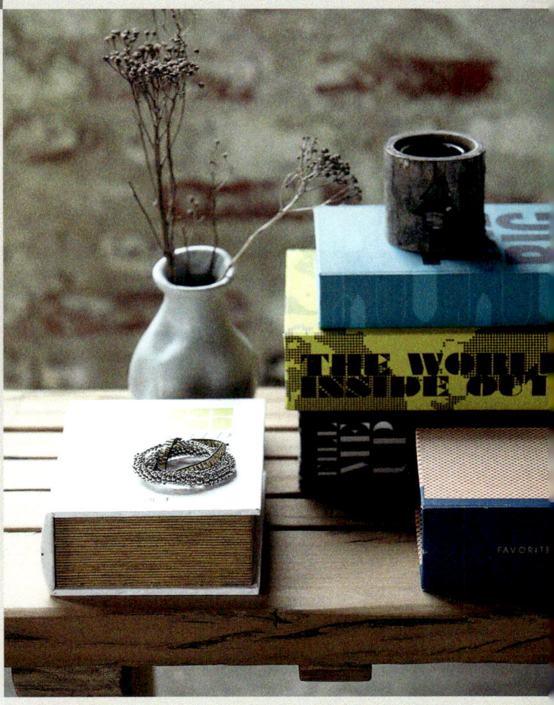
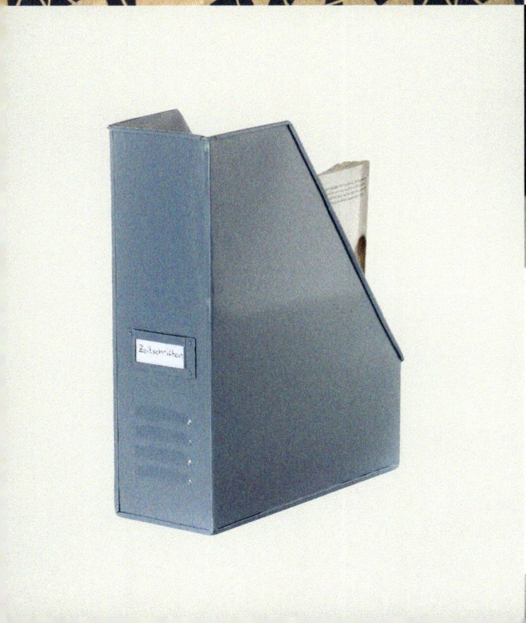
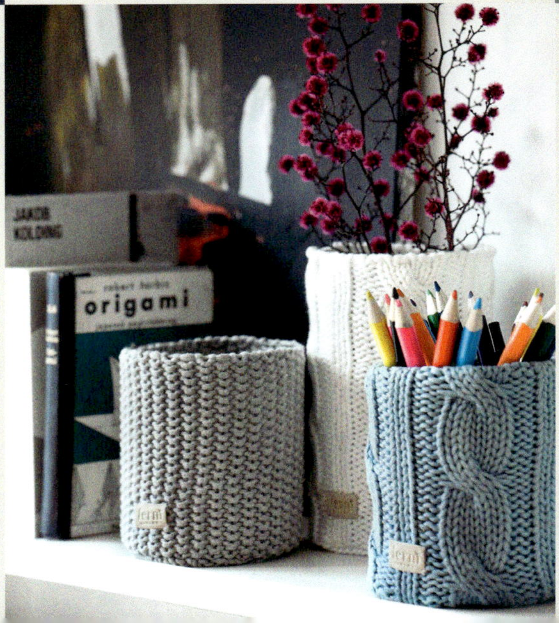
JAKOB
KOLDING
origami
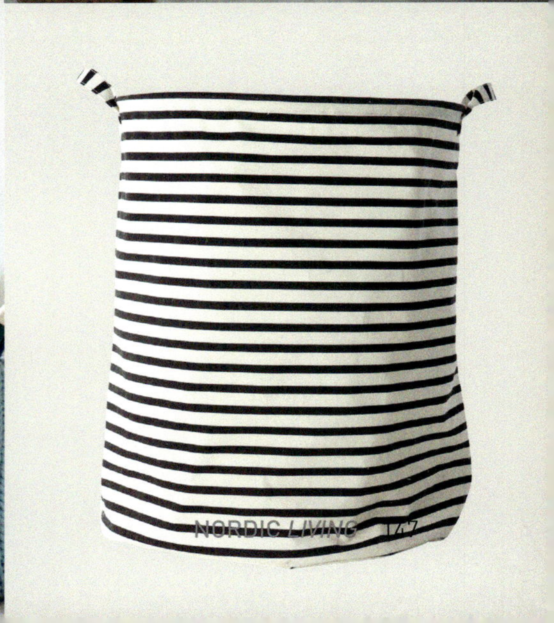

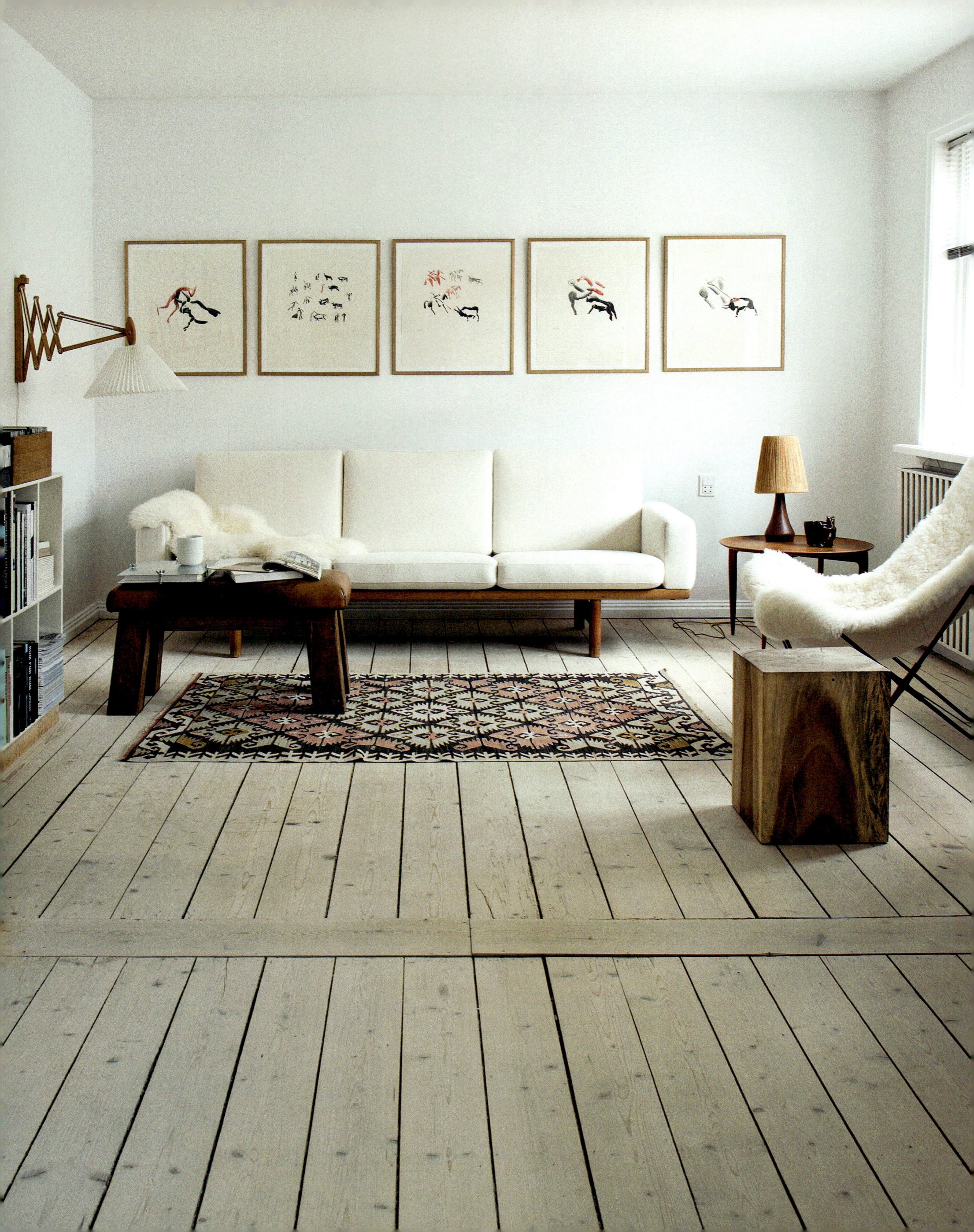

Skagen
Annes sonniges Häuschen

Always welcome

Die kleine Hafenstadt Skagen an der Nordspitze Jütlands ist von langen Sandstränden umgeben. Möwen kreisen mit gellenden Schreien über den Skagen Havn, der als größter Fischereihafen Dänemarks gilt. Hier im beschaulichen Stadtteil Østerby lebt und arbeitet Anne. „In meine vier Wände scheint das ganze Jahr über die Sonne herein", freut sich die Eventmanagerin. „Und wenn ich das Fenster öffne, durchweht die Räume eine frische Meeresbrise." Dass das typisch dänische Einfamilienhaus über nur einen kleinen Grundriss verfügt, stört sie nicht. „Die Zimmer sind zwar alle sehr übersichtlich geschnitten, aber ich mag es kuschelig." Leichtfüßige Möbel, eine helle Farbpalette sowie die Gestaltungsdevise „Weniger ist mehr" sorgen dafür, dass sie sich nicht zu beengt fühlt.

Der weiß lackierte Dielenboden lässt die Wohnküche hell und adrett wirken. „Ich habe das Esszimmer mit der ehemals separierten Küche verbunden, um so mehr Raum zu gewinnen", erzählt Anne. Unter einer alten, weiß gestrichenen Tischplatte stehen offene Rollcontainer, die viel Stauraum bieten. Der Affe von Kay Bojesen, seit 1951 ein Design-Liebhaberstück, hängt fröhlich baumelnd am Retro-Kühlschrank von Smeg.

NORDIC LIVING 151

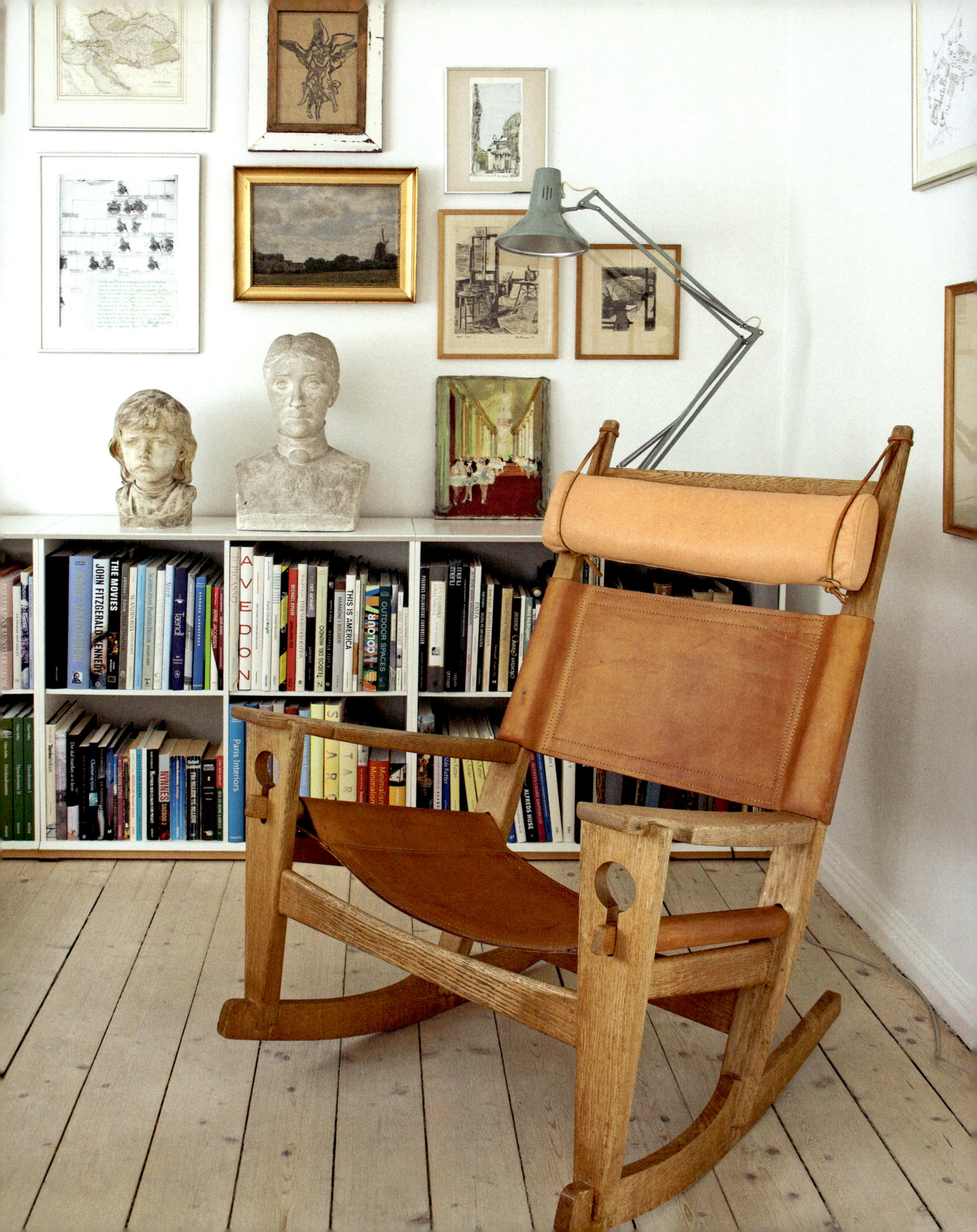

Raritäten

Anne liebt betagte Möbel wie den gemütlichen Schaukelstuhl Keyhole, den Hans J. Wegner 1967 entwarf. Auf ihn ist sie besonders stolz – er wird nicht mehr hergestellt und ist ein Erbstück. „Alte Dinge geben mir das beständige Gefühl von Sicherheit", gesteht sie.

DEN TILSANDEDE KIRKE
DENSBALLET
I SKAGEN '09
fra The Royal Ballet of London
Den Tilsandede Kirke i Skagen.
Sange og arier fra operaens verden:
Jens-Chistian Wandt
& Holmens Herrekvartet - Holmgang.
1 & 22. juli 2009
kl. 20.00

Kleine Details mit **großer Wirkung**

Schmuckstücke

Im ersten Stock des Hauses befinden sich Annes Schlaf- und Gästezimmer sowie das Bad. „Meine Ruhezone, wie ich es nenne, habe ich nur mit Essenziellem möbliert, weil ich mich hier auf wesentliche Dinge konzentrieren und nicht unnötig abgelenkt sein möchte", so Anne. Dass dabei die Farbe Weiß den Ton angibt, ist für Anne genauso selbstverständlich wie die vielen wundervollen Antiquitäten, die für eine behagliche Atmosphäre sorgen.

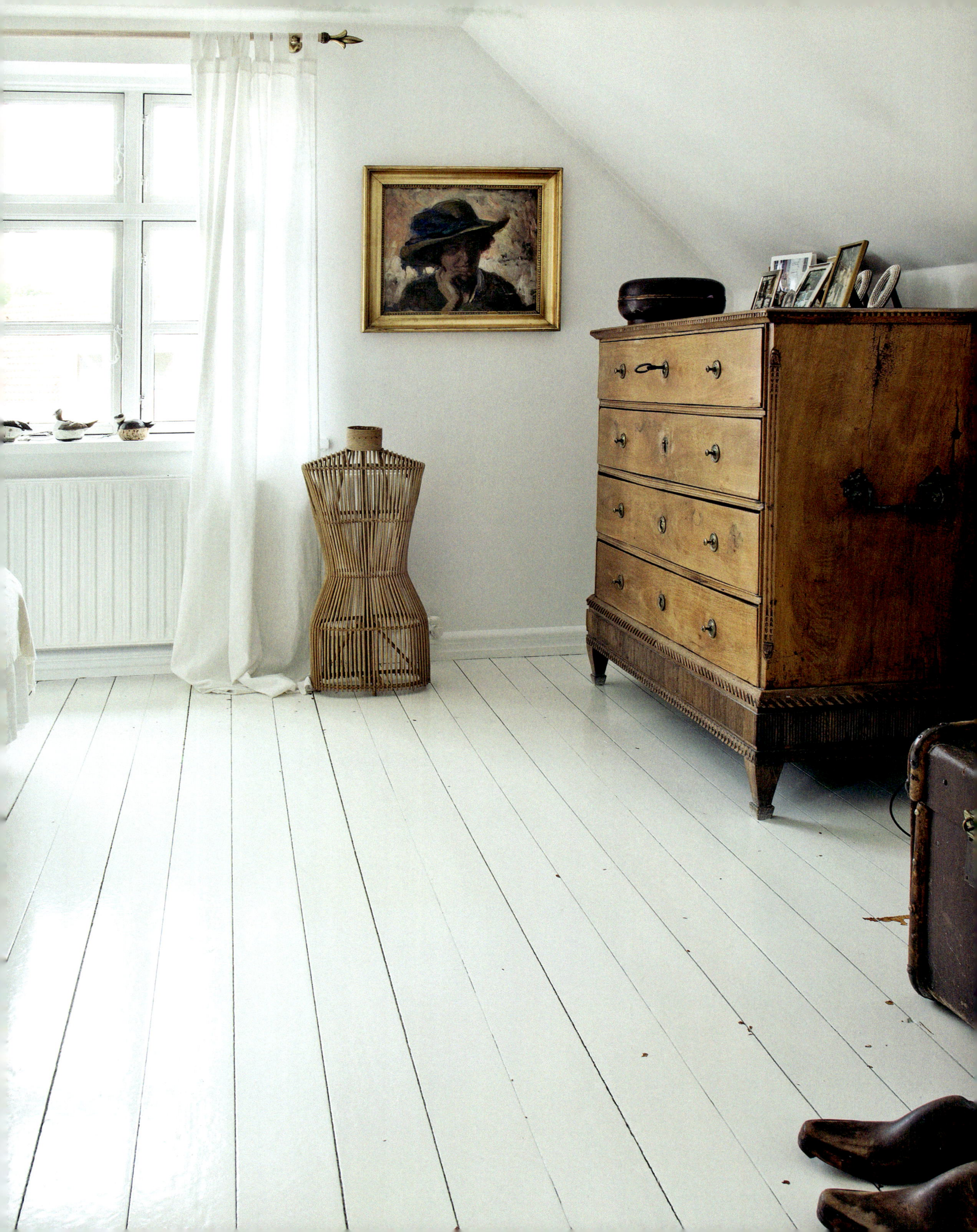

Beliebte Hersteller

andtradition.com
aquadomo.dk
architectmade.com
arne-jacobsen.com
aspegren-denmark.dk
badstil.dk
bigbkf.com
bolia.com
bruun-rasmussen.dk
car-moebel.de
carlhansen.com
casalinga.dk
casashop.dk
day.dk
design-by-us.com
designletters.dk
dinesen.com
e-form.dk
erik-joergensen.com
fabula-living.dk
farrow-ball.com
ferm-living.com
fritzhansen.com
galleriweinberger.dk
halskovdalsgaard.dk
harrybertoia.org
hay.dk
helgo.dk
holmegaard.dk
housedoctor.dk
hubsch-interior.com
iblaursen.dk
ikea.com
jeanprouve.com
jovis.dk
junofurniture.com

kahlerdesign.com
kartell.it
kaybojensen-denmark.com
koekkenskaberne.dk
kvadrat.dk
lauritz.com
lemerand.dk
lightyears.dk
louisecampell.com
louispoulsen.com
madamstoltz.dk
matsbergquist.com
mettelange.com
mimiscircus.com
montana.dk
nomess.dk
ohsofine.dk
olejensendesign.com
originalbtc.com
overbys-tegnestue.dk
paustian.com
rice.dk
rieeliselarsen.dk
rosendahl-design.de
sacrecoeur.dk
smeg.de
sup.dk
stelton.de
tapet-cafe.com
tinekhome.com
tolix.fr
vipp.com
vitra.com
wendtdesign.dk
zanotta.it

Bildnachweis

Umschlag Titelfoto: Gitte Stærbo
Umschlag Rückseite: Gitte Stærbo, House Doctor
Umschlag Innenseite, Portrait: Thomas Pircher
Inhalt: Gitte Stærbo, Rosendahl
Vorwort, Seite 6 und 7: Car Möbel
Intro, Seite 8: Car Möbel; Seite 9, Foto: Rosendahl
Wohnreportagen, Fotos: Gitte Stærbo:
Seite 10-21, Seite 24-33, Seite 36-45, Seite 48-57, Seite 60-69
Seite 72-77, Seite 88-99, Seite 102-111, Seite 114-123
Seite 126-135, Seite 138-145, Seite 148-157

Wohnreportage, Fotos: Dinesen:
Seite 80-85, Fotos: Wichmann + Bendtsen photography
Portrait Heidi und Thomas Dinesen: Søren Solkær

Einzelbilder Produkte:
Aspegren: Seite 13, 15, 23, 54, 87, 101, 137
Bo Concept: Seite 47, 66, 69, 112, 160
Car Möbel: Seite 34, 47, 59, 70, 71, 100, 102, 113 (Sika Design), 125, 146, 147 (Sebra)
Carl Hansen: Seite 47, 113
Casalinga: Seite 25, 79, 101
Dinesen: Seite 86, 87
Ferm Living: Seite 23, 35, 69, 101, 137, 147
Fritz Hansen: Seite 47, 113
Gubi: Seite 77, 99, 113
Hay: Seite 32, 33, 46, 76, 113
House Doctor: Seite 2, 23, 40, 58, 59, 73, 78, 79, 101, 137, 147, 155
Ib Laursen: Seite 71, 79, 101, 105, 107, 124, 125, 149
Light Years: Seite 59
Louis Poulsen: Seite 59
Madame Stoltz: Seite 30, 59, 71, 79, 137
Mimis Circus: Seite 22
Oh so fine: Seite 19
Rosendahl: Seite 79, 137
Tine K.: Seite 54, 65, 79, 84, 135, 136, 137, 158

Impressum

Idee, Konzept und Text: Marion Hellweg, München / marionhellweg.com
Layout, Satz und Covergestaltung: FSM Premedia GmbH, Münster, Niels Bonnemeier
Korrektorat: Antje Krause
Produktmanagement im Verlag: Susanne Klar & Melissa Brosig
Druck & Bindung: Himmer AG, Augsburg
© Lifestyle BusseSeewald in der frechverlag GmbH Stuttgart, 2013

Materialangaben und Arbeitshinweise in diesem Buch wurden von den Autoren und
den Mitarbeitern des Verlags sorgfältig geprüft. Eine Garantie wird jedoch nicht übernommen.
Autoren und Verlag können für eventuell auftretende Fehler oder Schäden nicht haftbar gemacht werden.
Das Werk und die darin gezeigten Modelle sind urheberrechtlich geschützt. Die Vervielfältigung und Verbreitung
ist, außer für private, nicht kommerzielle Zwecke, untersagt und wird zivil- und strafrechtlich verfolgt.
Dies gilt insbesondere für eine Verbreitung des Werkes durch Fotokopien, Film, Funk und Fernsehen,
elektronische Medien und Internet sowie für eine gewerbliche Nutzung der gezeigten Modelle.

1. Auflage 2013

ISBN: 978-3-7724-7359-3 · Best.-Nr. 7359

Danksagung

Ein ganz herzliches Dankeschön geht an Gitte Stærbo sowie an alle anderen Fotografen und Agenturen, die mit wundervollen Fotos und großem Einsatz geholfen haben, die Idee zu diesem Buch umzusetzen.

Persönlich möchte ich Thommy und meiner Familie für ihre Liebe und Unterstützung danken. Und du, liebe Florentine, warst während des gesamten Buchprojektes ein Engel – du, mein Ein und Alles!

Darüber hinaus danke ich dem BusseSeewald Verlag für sein Vertrauen, Susanne Klar und Melissa Brosig für ihr großes Engagement sowie Niels Bonnemeier für das gelungene Layout und dem FSM Team für die wunderbare Zusammenarbeit!

ve Hyggeligt Puristiske Atmosfære Plads Værelse Stue Hjem Tilflugt
d På land Miljøforkæmper Tæt på naturen Naturligvis Følelse Med fø
esejendom Hus Ønske drøm Barndomsdrøm Lever drømmen Vildmar
osfærisk Sove Sidde Spise Svømme Badeværelse Køkken Soveværelse
Kærlig Rasteplads Tilbagetog Mødested Leve Hyggeligt Puristiske At
Blandet Farverig Glædelig Rosenrød På vand På land Miljøforkæmpe
dunderlig Arkitektur Konstruktion Beboelsesejendom Hus Ønske drø
sted Repræsentant Forsigtig Venlig Gæstfri Atmosfærisk Sove Sidde S
aven Hav Sammen For mange Sted Hukommelse Kærlig Rasteplads Ti
m Tilflugt Smuk Iøjnefaldende Charmerende Blandet Farverig Glæd
else Med følelser Empati Stilfuld Velskabt Vidunderlig Arkitektur Ko
Vildmark Rækkehus Traditionelt Skjulested Repræsentant Forsigti
oveværelse Spisestue Stueetagen Gulv Heaven Hav Sammen For mange
istiske Atmosfære Plads Værelse Stue Hjem Tilflugt Smuk Iøjnefalder
orkæmper Tæt på naturen Naturligvis Følelse Med følelser Empati Sti
ske drøm Barndomsdrøm Lever drømmen Vildmark Rækkehus Tradi
lde Spise Svømme Badeværelse Køkken Soveværelse Spisestue Stueeta
ls Tilbagetog Mødested Leve Hyggeligt Puristiske Atmosfære Plads Væ
Glædelig Rosenrød På vand På land Miljøforkæmper Tæt på naturen
ur Konstruktion Beboelsesejendom Hus Ønske drøm Barndomsdrøm
orsigtig Venlig Gæstfri Atmosfærisk Sove Sidde Spise Svømme Badevæ
r mange Sted Hukommelse Kærlig Rasteplads Tilbagetog Mødested Le
nefaldende Charmerende Blandet Farverig Glædelig Rosenrød På var
pati Stilfuld Velskabt Vidunderlig Arkitektur Konstruktion Beboels
us Traditionelt Skjulested Repræsentant Forsigtig Venlig Gæstfri Atn
Stueetagen Gulv Heaven Hav Sammen For mange Sted Hukommelse
ds Værelse Stue Hjem Tilflugt Smuk Iøjnefaldende Charmerende Bla
turen Naturligvis Følelse Med følelser Empati Stilfuld Velskabt Vidu
msdrøm Lever drømmen Vildmark Rækkehus Traditionelt Skjulested
e Badeværelse Køkken Soveværelse Spisestue Stueetagen Gulv Heaver
dested Leve Hyggeligt Puristiske Atmosfære Plads Værelse Stue Hjen
rød På vand På land Miljøforkæmper Tæt på naturen Naturligvis Føl
Beboelsesejendom Hus Ønske drøm Barndomsdrøm Lever drømmen
æstfri Atmosfærisk Sove Sidde Spise Svømme Badeværelse Køkken So
ukommelse Kærlig Rasteplads Tilbagetog Mødested Leve Hyggeligt Pu
rmerende Blandet Farverig Glædelig Rosenrød På vand På land Milj
kabt Vidunderlig Arkitektur Konstruktion Beboelsesejendom Hus Ø
ulested Repræsentant Forsigtig Venlig Gæstfri Atmosfærisk Sove Sidd
aven Hav Sammen For mange Sted Hukommelse Kærlig Rasteplads T
m Tilflugt Smuk Iøjnefaldende Charmerende Blandet Farverig Glæd